MIX
Papier aus verantwortungsvollen Quellen
Paper from responsible sources
FSC® C105338

Sebastian Theobald

Lernmotivation
Stationsarbeit im Vergleich
zu Frontalunterricht

Diplomica® Verlag GmbH

Theobald, Sebastian: Lernmotivation - Stationsarbeit im Vergleich zu Frontalunterricht,
Hamburg, Diplomica Verlag GmbH 2012

ISBN: 978-3-8428-8467-0
Druck: Diplomica® Verlag GmbH, Hamburg, 2012

Bibliografische Information der Deutschen Nationalbibliothek:
Die Deutsche Nationalbibliothek verzeichnet diese Publikation in der Deutschen
Nationalbibliografie; detaillierte bibliografische Daten sind im Internet über
http://dnb.d-nb.de abrufbar.

Die digitale Ausgabe (eBook-Ausgabe) dieses Titels trägt die ISBN 978-3-8428-3467-5 und
kann über den Handel oder den Verlag bezogen werden.

Dieses Werk ist urheberrechtlich geschützt. Die dadurch begründeten Rechte, insbesondere die
der Übersetzung, des Nachdrucks, des Vortrags, der Entnahme von Abbildungen und Tabellen,
der Funksendung, der Mikroverfilmung oder der Vervielfältigung auf anderen Wegen und der
Speicherung in Datenverarbeitungsanlagen, bleiben, auch bei nur auszugsweiser Verwertung,
vorbehalten. Eine Vervielfältigung dieses Werkes oder von Teilen dieses Werkes ist auch im
Einzelfall nur in den Grenzen der gesetzlichen Bestimmungen des Urheberrechtsgesetzes der
Bundesrepublik Deutschland in der jeweils geltenden Fassung zulässig. Sie ist grundsätzlich
vergütungspflichtig. Zuwiderhandlungen unterliegen den Strafbestimmungen des
Urheberrechtes.

Die Wiedergabe von Gebrauchsnamen, Handelsnamen, Warenbezeichnungen usw. in diesem
Werk berechtigt auch ohne besondere Kennzeichnung nicht zu der Annahme, dass solche
Namen im Sinne der Warenzeichen- und Markenschutz-Gesetzgebung als frei zu betrachten
wären und daher von jedermann benutzt werden dürften.

Die Informationen in diesem Werk wurden mit Sorgfalt erarbeitet. Dennoch können Fehler nicht
vollständig ausgeschlossen werden, und der Diplomica Verlag, die Autoren oder Übersetzer
übernehmen keine juristische Verantwortung oder irgendeine Haftung für evtl. verbliebene
fehlerhafte Angaben und deren Folgen.

© Diplomica Verlag GmbH
http://www.diplomica-verlag.de, Hamburg 2012
Printed in Germany

Inhaltsverzeichnis

1. Einleitung 7
2. Theoretischer Hintergrund 9
   2.1 Lernmotivation 9
      2.1.1 Extrinsische Motivation 10
      2.1.2 Intrinsische Motivation 12
   2.2 Selbstbestimmungstheorie nach Deci & Ryan 14
      2.2.1 Grundzüge der Theorie 14
      2.2.2 Die psychologischen Grundbedürfnisse 16
      2.2.3 Selbstbestimmtes Lernen 17
3. Die Entwicklung vom Frontalunterricht zu modernen Lehrmethoden ... 18
   3.1 Frontalunterricht 20
      3.1.1 Vorteile des Frontalunterrichts 21
      3.1.2 Nachteile des Frontalunterrichts 22
   3.2 Gruppenarbeit an Stationen 23
      3.2.1 Nachteile der Gruppenarbeit 24
      3.2.2 Vorteile der Gruppenarbeit 25
4. Fragestellung und Hypothesen 27
   4.1 Hypothesen zur Lernmotivation 27
   4.2 Hypothesen zum Lernzuwachs 27
   4.3 Hypothese zum kooperativen Lernen 27
5. Methodik 28
   5.1 Rahmenbedingungen 28
      5.1.1 Fragebogen 29
      5.1.2 Wissenstest 32
   5.2 Durchführung 33
      5.2.1 Einführung der Pronomen - Gruppenarbeit an Stationen 33
      5.2.2 Einführung der Pronomen – Frontalunterricht 43
6. Ergebnisse 46
   6.1 Deskriptive Statistiken 46
   6.2 T-Test 48
7. Diskussion 54

8. Fazit 64

Literaturverzeichnis 67

Anhang 69

   I Abkürzungsverzeichnis 70

   II Tabellenverzeichnis 70

   III Fragebogen 71

   IV Wissenstest 75

   V Skalendokumentation 78

   VI Deskriptive Statistiken 84

   VII Tabellarische Unterrichtsverläufe 87

   VIII Arbeitsblätter – Frontalunterricht 89

   IX Arbeitsblätter - Gruppenunterricht an Stationen 96

1. Einleitung

Die Studie beschäftigt sich mit der Lernmotivation der Schüler[1] in verschiedenen Unterrichtskonzepten. Neben der Motivation werden auch Items, wie das kooperative Verhalten und der Lernzuwachs beziehungsweise die Lernqualität eruiert. Um diese Punkte zu vergleichen, werden sie in zwei Unterrichtsformen gegenüber gestellt. Einerseits wird das Verhalten der Schüler im Frontalunterricht untersucht; andererseits wird überprüft welche Auswirkungen die Gruppenarbeit an Stationen auf die oben genannten Items hat.

Wenn man sich die Vielzahl der Literatur zum Thema der Unterrichtskonzepte betrachtet, wird schnell klar, dass sich in den letzten Jahren ein Wandel vollzogen hat. Der überwiegend praktizierte Frontalunterricht wird immer mehr in der Theorie gemieden, während alternative Lehrmethoden, die autonomes Lernen fördern sollen, stetig in den Vordergrund rücken. Ob diese Theorie auch in der Praxis erfolgreich umgesetzt wird, ist jedoch fraglich, da Umfragen zufolge der Frontalunterricht immer noch die bestimmende und überwiegend praktizierte Unterrichtsform darstellt. Alternative Lehrmethoden, wie die Gruppenarbeit an Stationen werden nur selten angewandt, da sie mehr Zeit in Anspruch nehmen und eine minutiöse Unterrichtsplanung kaum möglich ist. Meist wird der zu eng gestaffelte Lehrplan für die deduktive Unterrichtsgestaltung genannt. Unter diesem Zeitdruck und der daraus folgenden Unterrichtsgestaltung wird auch die Motivation beziehungsweise Lernmotivation der Schüler in Mitleidenschaft gezogen. Die daraus resultierende Informationenflut kann nicht schnell genug verarbeitet werden, was bei vielen Schülern zur Resignation führt. Nun ist es interessant zu erforschen, ob eine autonomere Unterrichtsgestaltung auch wirklich das Interesse und selbstständige Lernen der Schüler begünstigt oder ob dies nur theoretisch möglich ist.

Aus diesem Grund habe ich mich für das Thema der Lernmotivation bei Schülern in zwei verschiedenen Unterrichtskonzepten entschieden. Diese wird in einer gesonderten Studie untersucht. Auch für meine spätere Berufstätigkeit als

---

[1] Das Wort ‚Schüler' impliziert beide Geschlechter. Somit ist eine möglichst einfache Leseart gewährleistet.

Lehrer, ist es wichtig zu wissen, welche Konzepte die besten Lernerfolge bringen beziehungsweise die Motivation der Schüler steigern.

Die Arbeit zielt darauf ab, die Gruppenarbeit an Stationen mehr in den Unterricht zu integrieren, da diese Sozialform des Unterrichts ein selbstständigeres Lernen fördert. Es soll bewiesen werden, dass das selbstständige Lernen zu einer höheren intrinsischen Lernmotivation führt, was sich wiederum positiv auf den Lernzuwachs und das kooperative Verhalten auswirkt. Die Schüler arbeiten autonom und entwickeln so ein höheres Interesse an dem Lerngegenstand. Ein größeres Interesse wiederum führt zu mehr Motivation sich mit dem Sachverhalt auseinanderzusetzen.

Um das besagte Ziel zu erreichen, wird zunächst der theoretische Hintergrund geschildert. Hier sollen die Begrifflichkeiten, wie zum Beispiel die Lernmotivation, erklärt und analysiert werden. Basierend auf der Selbstbestimmungstheorie von Deci & Ryan werden unter anderem die Unterschiede und Gemeinsamkeiten von intrinsischer und extrinsischer Motivation untersucht, da diese im direkten Zusammenhang mit der Lernmotivation und der Lernqualität stehen. Im Weiteren wird auf den Wandel vom Frontalunterricht zu alternativen Lehrmethoden eingegangen. In diesem Punkt werden auch die Vor- und Nachteile der beiden Unterrichtskonzepte gegenübergestellt.

Nach der theoretischen Einführung, folgt die Beschreibung und Auswertung der eigentlichen Studie. In der Studie werden 52 Items überprüft Diese messen sowohl die Lernmotivation als auch das kooperative Verhalten der Schüler. Um den Lernzuwachs zu überprüfen, wird ein eigen konzipierter Wissenstest ausgewertet. Die anschließende Diskussion soll etwaige unerwartete Ergebnisse erklären oder bereits erwartete Ergebnisse bekräftigen.

In der Studie soll also geklärt werden, ob die Gruppenarbeit an Stationen als autonomes Unterrichtskonzept zu einer höheren Lernmotivation führt und ob sich diese Unterrichtsform positiv auf die kooperative Zusammenarbeit mit den Mitschülern und die Lernqualität beziehungsweise den Wissenszuwachs auswirkt.

2. Theoretischer Hintergrund

Die Studie beschäftigt sich, neben dem Lernzuwachs und dem kooperativen Verhalten, vorrangig mit der Lernmotivation. Um zu bestimmen, wie sich verschiedene Unterrichtskonzepte auf die Lernmotivation auswirken, muss erst einmal genau geklärt werden, was unter Motivation beziehungsweise Lernmotivation zu verstehen ist.

2.1 Lernmotivation

Nach Rheinberg bezeichnet man die **Motivation** als „die aktivierende Ausrichtung des momentanen Lebensvollzuges auf einen positiv bewerteten Zielzustand"[2]. Dies bedeutet, man versucht ein bestimmtes Ziel zu erreichen und sein Verhalten danach auszurichten. Kognitive Prozesse werden verbessert und die potenzielle Leistung gesteigert. Hinter dem Streben nach diesem Ziel steht auch ein spezieller Grund. Dieser korrespondiert mit dem Begriff des ‚Motivs'. Das Motiv ist der Antrieb, den ein Individuum hat, um das eigentliche Ziel zu erreichen. Der Antrieb kann aus einem selbst kommen, was zum Beispiel bei Neugierde oder Interesse der Fall ist. Hier spricht man von **intrinsischer Motivation**. Jener Antrieb kann aber auch von außen gegeben sein, zum Beispiel durch Belohnung oder Bestrafung. In dem Fall handelt es sich um eine **extrinsische Motivation**. „,Innen', also intrinsisch, wären demnach die Anreize, die im Vollzug der Tätigkeit liegen, ‚außen', also extrinsisch, wären die anreizbesetzten Ereignisse oder Veränderungen, die sich einstellen, wenn diese Tätigkeit erfolgreich erledigt ist. (…) Intrinsisch betrifft den Vollzug der Tätigkeit, extrinsisch das, was der Tätigkeit als beabsichtigter Effekt nachfolgt"[3].

Demzufolge bezeichnet man die **Lernmotivation** als eine „Form der Motivation, welche die Absicht oder die Bereitschaft einer Person beschreibt, sich in einer konkreten Situation mit einem Gegenstand lernend auseinander zu setzen"[4]. Man hat den Wunsch oder die Absicht bestimmte Dinge freiwillig zu lernen oder

---

[2] (Rheinberg, F.: Motivation. 2008. S. 16)
[3] (Heckhausen, J. & H.: Motivation und Handeln. 2006. S. 333)
[4] (Langfeldt, H.-P.: Psychologie für die Schule. 2006. S. 49)

diverse Aufgaben zu meistern. Ein Schüler, der an einer Aufgabe knobelt und sie auch erfolgreich lösen will, ist also motiviert zu lernen. Damit einhergehend implementiert er auch ein gewisses Eigeninteresse an dem Lerngegenstand. Bestenfalls entwickelt der Schüler dabei eine ‚Leistungsmotivation', indem er wissen will, was ihm in dem Aufgabenfeld noch alles gelingt oder was nicht mehr. Um dies herauszufinden, strengt er sich besonders an, sprich er ist leistungsmotiviert.

„Leistungsmotiviert im psychologischen Sinn ist ein Verhalten nur dann, wenn es auf die Selbstbewertung eigener Tüchtigkeit zielt, und zwar in Auseinandersetzung mit einem Gütemaßstab, den es zu erreichen oder zu übertreffen gilt"[5].

Der Erfolg beziehungsweise der Lernzuwachs ist somit nachhaltiger, da man die Aufgabe selbstständig und ohne die Hilfe des Lehrers löst. Um die Motivation der Schüler zu erhalten, muss also eine Herausforderung geschaffen werden, die nicht zu leicht, aber auch nicht unmöglich zu bestehen ist.

Daher gilt es, die Lernmotivation der Schüler zu steigern, um ein nachhaltigeres und besseres Lehr- beziehungsweise Lernergebnis zu erreichen.

2.1.1 Extrinsische Motivation

„Mit extrinsischer (Lern-)Motivation wird der Wunsch oder die Absicht bezeichnet, eine bestimmte (Lern-) Handlung durchzuführen, um ein lohnendes Ziel zu erreichen (…) oder eine negative Folge zu vermeiden"[6].

Ein lohnendes Ziel wären alle möglichen Belohnungen, die von außen gegeben werden, wie zum Beispiel ein guter Notendurchschnitt, die Anerkennung der Eltern oder die des Lehrers. Man handelt in diesem Fall nicht aus Eigeninteresse, sprich für sich selbst, sondern man strengt sich an, weil daraus eine positive Konsequenz resultiert. Eine extrinsische Motivation bedeutet also, dass sich am Ende der ausgeführten Tätigkeit ein anreizbesetztes Ergebnis oder eine positive Veränderung einstellt.

Man kann aber auch extrinsisch motiviert sein, wenn es darum geht eine negative Konsequenz zu vermeiden. „Zentral ist dabei, daß die Folgen grundsätzlich außerhalb der Handlung liegen und mit dieser in keiner unmittelbaren

---

[5] (Rheinberg, F.: Motivation. 2008. S. 60)
[6] (Langfeldt, H.-P.: Psychologie für die Schule. 2006. S. 61)

Beziehung stehen"[7]. Das heißt, dass sich Schüler zum Beispiel dazu motivieren produktiv zu arbeiten, damit sie am Ende des Schuljahres nicht sitzen bleiben. In der Schule geht die extrinsische Motivation hauptsächlich von den Lehrern aus. Die Schüler akzeptieren entweder diese externe Kontrolle und arbeiten gut mit oder sie lehnen sich gegen sie auf. Das kann zur Folge haben, dass das Schüler–Lehrer–Verhältnis geschädigt wird. „Ein Weg in die Eskalation ist somit vorgezeichnet: Je stärker Schüler der externen Kontrolle unterworfen werden, desto geringer werden ihr Interesse und ihre Anstrengungsbereitschaft"[8]. Eine solche Motivationsform sollte daher nicht Ziel der Lehrkräfte sein.

Nach der Selbstbestimmungstheorie von Deci & Ryan (siehe Punkt 2.2), kann man vier Formen der extrinsischen Motivation unterscheiden:

- *Die externale Regulation:* Eine Handlung wird nur ausgeführt, um eine Belohnung zu erhalten oder eine Bestrafung zu vermeiden. Das Verhalten ist also abhängig von äußeren Anregungsfaktoren. Autonomes Verhalten ist hier daher nicht gegeben.

- *Die introjizierte Regulation:* Bei dieser Motivation folgt man internen Anstößen und innerem Druck, um die Selbstachtung zu erhalten. Sie wird durch innere Kräfte kontrolliert oder erzwungen und liegt somit außerhalb des Kernbereichs des individuellen Selbst.

- *Die identifizierte Regulation:* Hier werden externe Einflüsse ins Selbst integriert und als eigene Ziele akzeptiert. Man verfolgt also ein Ziel nicht nur, weil man es tun muss, sondern weil man es auch selbst für richtig und wichtig erachtet.

- *Die integrierte Regulation:* Sie ist neben der intrinsischen Motivation die Basis selbstbestimmten Handelns und hat somit den höchsten Grad an Selbstbestimmung in der extrinsischen Motivation. Ziele, Normen und Handlungsstrategien werden in das individuelle Selbstkonzept vollständig integriert. Der einzige Unterschied zur intrinsischen Motivation liegt darin, dass auch hier noch ein instrumentelles beziehungsweise ein von ‚außen' gesetztes Ziel verfolgt wird.

---

[7] (Köller, O.: Zielorientierungen und schulisches Lernen. 1998. S. 23)
[8] (Langfeldt, H.-P.: Psychologie für die Schule. 2006. S. 61)

Die 4 aufgeführten Regulationen sind stufenweise gegliedert. Während bei der externalen Regulation nur gehandelt wird, um ein anreizbesetztes Ziel zu erreichen, besteht bei der integrierten Regulation schon ein hohes Maß an Eigeninteresse am eigentlichen Handlungsvollzug, was die Basis für intrinsisch motiviertes Handeln ist.

Die integrierte Regulation, die noch zur extrinsischen Motivation gehört, ist somit nur schwer von der intrinsischen Motivation zu trennen. In der Praxis lassen sich die beiden Begriffe, extrinsische und intrinsische Motivation, nicht immer strikt voneinander trennen. Vielmehr kommt es häufig zu einer Verschmelzung der Motivationen, zum Beispiel wenn aus vorher extrinsischen Motiven eine intrinsische Motivation entsteht. Die eigentliche Motivation ist hierbei extrinsisch, doch durch das Integrieren der Handlungsstrategien ins eigene Selbst, kann die Handlung an sich in den Vordergrund rücken und somit zur intrinsischen Motivation werden.

2.1.2 Intrinsische Motivation

„Unter intrinsischer Motivation versteht man üblicherweise den Wunsch oder die Absicht, eine bestimmte Handlung durchzuführen, weil die Handlung selbst als interessant, spannend, herausfordernd etc. erlebt wird"[9]. Man beschäftigt sich also mit einer Sache oder Aufgabe aus Eigeninteresse und nicht weil sie von jemand Außenstehenden gestellt wurde. Das Erfolgsgefühl bei einer gelösten Aufgabe fungiert dabei als selbst erteilte Belohnung.

Nach Csikszentmihalyi (1975/1985; 1990) gibt es den so genannten ‚Flow', der während einer intrinsisch motivierten Handlung entsteht. Er beschreibt das Gefühl, das man entwickelt, wenn man in einer Sache gänzlich aufgeht. Dieser ‚Flow'-Zustand umfasst vier Komponenten[10]:

(1) Das Verschmelzen von Handlung und Bewusstsein.

(2) Zentrierung der Aufmerksamkeit auf die momentane Tätigkeit

(3) Selbstvergessenheit

---

[9] (Köller, O.: Zielorientierungen und schulisches Lernen. 1998. S. 22)
[10] (vgl. Köller, O.: Zielorientierungen und schulisches Lernen. 1998. S. 23)

(4) Ausüben von Kontrolle über Handlung und Umwelt

Bei einer intrinsisch motivierten Handlung widmet man sich so intensiv einer Sache, dass alles andere nebensächlich wird. Zeit und Umwelt werden dabei nur noch bedingt wahrgenommen. Man beschäftigt sich „allein um der Tätigkeit und nicht der Ergebnisse willen"[11] mit diesem Element. Ein Beispiel dafür sind die Computerspiele, beziehungsweise die Personen, die sie über Stunden spielen, ohne zu merken, wie lange sie schon vor dem PC sitzen. In Rollenspielen, wie *World of Warcraft*, gibt es kein zu erreichendes Ziel, sondern allein das Spielen an sich genügt dem Spieler, um sich lange Zeit damit auseinanderzusetzen. Er geht in der neuen Rolle voll und ganz auf und handelt aus intrinsischer Motivation heraus, um das ‚Flow'-Erlebnis zu erhalten. Der ‚Flow' kann also zu einer Sucht werden, die durch die intrinsische Motivation angetrieben wird.

Intrinsische Motivation basiert immer auf einem Anreiz, der im Vollzug einer Tätigkeit liegt. Es kann auch sein, dass gewisse Tätigkeiten oder Aufgaben aufgrund extrinsischer Motive gelöst werden, dann aber wegen intrinsischer Anreize weitergeführt werden. Das eigentliche Ziel rückt dabei in den Hintergrund und der Tätigkeitsvollzug in den Vordergrund[12]. Der Anreiz besteht hier nicht mehr im eigentlichen Lösen der Aufgabe, sprich um das Ergebnis zu erlangen, sondern im Lösungsweg. Das ‚Knobeln' an der Aufgabe ist der bestimmende Anreiz, sich mit ihr zu beschäftigen.

---

[11] (Rheinberg, F.: Motivation. 2008. S. 152)
[12] (vgl. Heckhausen, J. & H.: Motivation und Handeln. 2006. S. 333)

2.2 Selbstbestimmungstheorie nach Deci & Ryan[13]

2.2.1 Grundzüge der Theorie

„Die Theorie der Selbstbestimmung ist eine organismische und dialektische Theorie der menschlichen Motivation"[14]. Sie geht davon aus, dass die Menschen ein natürliches Bedürfnis haben neue Erfahrungen zu machen und ein kohärentes Selbst zu entwickeln, indem sie ihr eigenes Selbst akzeptieren und auch mit anderen Individuen zweckmäßig interagieren. Sie streben also nach „innerer Kohäsion und bemühen sich, neu gelernte Inhalte sinnvoll in ihre bereits vorhandene Wissensstrukturen und Repräsentationen zu integrieren. Diese konstruktive Tendenz hin zu Wachstum und Selbstintegration wird als *organismische* Integration bezeichnet"[15]. Da eine permanente interaktive Beziehung zwischen dieser organismischen Integration und den Einflüssen der sozialen Umwelt besteht, wird die Theorie auch als *dialektisch* tituliert.

Wie viele andere moderne Theorien zum selbstbestimmten Lernen, stützt sich auch die Selbstbestimmungstheorie von Deci & Ryan auf das Konzept der *Intentionalität*, um die Steuerung des menschlichen Verhaltens zu erklären. Die Intention des Menschen ist es, einen gewissen Zustand zu erlangen, wie zum Beispiel den oben genannten ‚Flow'-Zustand. „Menschen gelten dann als motiviert, wenn sie etwas erreich wollen – wenn sie mit dem Verhalten einen bestimmten Zweck verfolgen"[16]. Der ‚Flow', der bei intrinsischer Motivation entsteht, ist eine unmittelbar befriedigende Erfahrung. Motivierte Handlungen können aber auch auf ein längerfristiges Handlungsergebnis abzielen, wie zum Beispiel das Erreichen eines guten Notendurchschnitts. Hier würde man, wie schon erwähnt, von einer extrinsischen Motivation sprechen. Die Intentionalität kann also von extrinsischer oder intrinsischer Motivation geprägt sein.

Neben den motivierten Handlungen, gibt es aber auch *amotivierte* Verhaltensweisen. Dazu zählen alle Handlungen, die kein erkennbares Ziel haben, wie zum Beispiel das ‚Herumlungern' auf dem Sofa. Obwohl dieses Verhalten

---

[13] (vgl. Deci & Ryan: Die Selbstbestimmungstheorie der Motivation. 1993.)
[14] (Deci & Ryan: Die Selbstbestimmungstheorie der Motivation. 1993. S. 223)
[15] (Rakoczy, K.: Motivationsunterstützung im Mathematikunterricht. 2008. S. 25)
[16] (Deci & Ryan: Die Selbstbestimmungstheorie der Motivation. 1993. S. 224)

psychologisch erklärbar ist, ist es nicht von einem intentionalen Prozess gesteuert und gilt daher auch nicht als ‚motiviert'.

Die Selbstbestimmungstheorie von Deci & Ryan unterscheidet jedoch nicht nur zwischen dem amotiviertem und motiviertem Verhalten, wie es viele andere Theorien tun, sondern sie schlüsselt die intentionalen Handlungen weiter auf. Die Theorie geht davon aus, dass sich „motivierte Handlungen nach dem Grad ihrer Selbstbestimmung beziehungsweise nach dem Ausmaß ihrer Kontrolliertheit unterscheiden lassen"[17]. Eine selbstbestimmte Handlung bezeichnet man als autonom. Sie ist frei gewählt und entspricht den Zielen und Wünschen des individuellen Selbst. Eine kontrollierte Handlung hingegen ist nicht autonom und wird daher als aufgezwungen erlebt. „Selbstbestimmtes und kontrolliertes Verhalten definieren somit die Endpunkte eines Kontinuums, das die ‚Qualität' oder ‚Orientierung' einer motivierten Handlung festlegt"[18]. Die oben erwähnten intrinsisch motivierten Handlungen repräsentieren dabei das selbstbestimmte Verhalten, während extrinsisch motivierte Handlungen das kontrollierte Verhalten widerspiegeln (siehe Punkt 2.1). Wie schon geschildert, sind intrinsische und extrinsische Motivationen keine Antagonisten, sondern können durchaus gekoppelt auftreten. Bestimmte Formen extrinsischen Verhaltens können nämlich durchaus selbstbestimmt sein (siehe identifizierte und integrierte Regulation Punkt 2.1.1). Introjizierte, wie identifizierte und integrierte Regulations-mechanismen zählen trotzdem immer noch zu der extrinsischen Motivation und sind somit keine vollwertigen Bestandteile des Selbst, obwohl sie zum internalen Bestand der Person gehören. „Ein Regulationsprozeß ist dem individuellen Selbst nur dann wirklich zuzurechnen, wenn er als internal verursacht und als Basis selbstbestimmten Handelns erlebt wird"[19].

---

[17] (Deci & Ryan: Die Selbstbestimmungstheorie der Motivation. 1993. S. 225)
[18] (Deci & Ryan: Die Selbstbestimmungstheorie der Motivation. 1993. S. 225)
[19] (Deci & Ryan: Die Selbstbestimmungstheorie der Motivation. 1993. S. 229)

2.2.2 Die psychologischen Grundbedürfnisse

Die Selbstbestimmungstheorie postuliert, dass menschliches Verhalten auf drei Energiequellen angewiesen ist: Die physiologischen Bedürfnisse (Triebe), Emotionen und psychologische Bedürfnisse. Von besonderer Bedeutung sind dabei die psychologischen Bedürfnisse, da sie die Prozesse beeinflussen, mit denen der Mensch seine Triebe und Emotionen autonom steuert.

Nach Deci & Ryan gibt es drei dieser psychologischen Grundbedürfnisse, die für intrinsische und extrinsische Motivation gleichermaßen relevant sind:

- Das Bedürfnis nach **Kompetenz** oder **Wirksamkeit**
- Die **Autonomie** oder **Selbstbestimmung**
- Die **soziale Eingebundenheit** oder **soziale Zugehörigkeit**

Die Theorie geht davon aus, dass diese drei Grundbedürfnisse angeboren sind und der Mensch daher die Tendenz hat, sich in einem sozialen Umfeld zu integrieren. In diesem Milieu verfolgt er die Absicht effektiv zu funktionieren und sich dabei persönlich, autonom und initiativ zu erfahren.

Während die extrinsische Motivation mit allen 3 Bedürfnissen verbunden ist, ist die intrinsische Motivation nur von der Kompetenz und Selbstbestimmung abhängig. Es besteht ein *integraler Zusammenhang* zwischen der intrinsischen Motivation und den anderen beiden Grundbedürfnissen. Das heißt „intrinsische Verhaltensweisen sind auf die Gefühle der Kompetenzerfahrung und Autonomie angewiesen; gleichzeitig tragen sie zur Entstehung dieser Gefühle bei"[20]. Da die soziale Umgebung die anderen Bedürfnisse (Kompetenz und Autonomie) unterstützt, fördert sie auch das Auftreten der intrinsischen Motivation.

Die drei Grundbedürfnisse sind die Eckpfeiler der Selbstbestimmungstheorie von Deci & Ryan. Sie liefern Antwort, warum gewisse Handlungsziele motivierend sind; nämlich aus dem Grund, die angeborenen Bedürfnisse zu befriedigen. Des Weiteren geben sie Aufschluss darüber, wie die Intentionsbildung verstanden und erklärt werden kann. Zudem zeigen sie Hinweise auf Faktoren im sozialen Milieu, die für das Auftreten intrinsisch motivierter Handlungen und die Entwicklung extrinsischer Motivation verantwortlich sind.

---

[20] (Deci & Ryan: Die Selbstbestimmungstheorie der Motivation. 1993. S. 230)

2.2.3 Selbstbestimmtes Lernen

Die Selbstbestimmungstheorie der Motivation geht davon aus, dass selbstbestimmtes beziehungsweise autonomes Lernen zu einem höheren und nachhaltigerem Lernerfolg führt. Vallerand/Bissonnette haben zum Beispiel herausgefunden, dass Unterrichtsformen, die autonom gestaltet sind, also auf intrinsische Motivation abzielen (oder auf eine integrierte Regulation), viel seltener zu einem Schulabbruch führen als Unterrichtsformen, die von externer und introjizierter Regulation geprägt sind. Diese Studie spricht dafür, dass das Interesse der Schüler an einem Lerngegenstand stark mit der Lernqualität korreliert. Ein hohes Interesse wirkt sich also positiv auf die Lernleistungen der Schüler aus.

Andere Studien zeigen aber auch, dass Schüler, die durch eine Introjektion motiviert werden, nicht weniger motiviert sind als Schüler mit identifizierter Regulation. Allerdings ist die introjizierte Regulation mit Versagensangst verbunden, während die Identifikation mit Interesse und Freude an der Schule einhergeht. Lernmotivation kann also sowohl extern und kontrolliert als auch intern und autonom erzeugt werden. Jedoch ist mit „hochwertigen Lernergebnissen (…) v.a. dann zu rechnen, wenn die Motivation durch selbstbestimmte Formen der Handlungsregulation bestimmt wird"[21]. Selbstbestimmte Unterrichtsformen, wie die Gruppenarbeit an Stationen, sollten daher in den Schulen gefördert werden.

---

[21] (Deci & Ryan: Die Selbstbestimmungstheorie der Motivation. 1993. S. 234)

3. Die Entwicklung vom Frontalunterricht zu modernen Lehrmethoden

Frontalunterricht war bis vor wenigen Jahrzehnten immer die vorherrschende Unterrichtsform. Auch heutzutage wird er noch häufig angewandt. Jedoch gibt es seit einigen Jahren ‚modernere' beziehungsweise neue Anforderungen an das Lehren und Lernen in der Schule. Durch den gesellschaftlichen Wandel werden den Schülern neue Schlüsselqualifikationen abverlangt. Dazu gehören insbesondere das eigenverantwortliche Handeln, Flexibilität, Kooperationsfähigkeit und selbstständiges Lernen[22]. Diese Qualifikationen werden allerdings im Frontalunterricht kaum gefördert. Die Tendenz zu alternativem Unterricht steigt demzufolge an.

Der Frontalunterricht gilt als ‚geschlossene' Unterrichtsform, in der der Stoff hierarchisch gegliedert wird. Informationen werden durch ein traditionelles Ablaufschema nacheinander präsentiert. Diese Darbietung ist von der direkten Führung der Lehrkraft abhängig.

Offene Unterrichtsformen hingegen haben eine explorative Struktur, der Stoff ist ‚flacher' gegliedert. Der Zeitplan ist flexibler gestaltet, da die Reihenfolge der Lernhandlungen und die Bemessung der Lernzeiten viel stärker von den Schülern bestimmt wird[23].

In der ‚modernen' Literatur stehen diese offenen Unterrichtsmethoden immer mehr im Mittelpunkt. Soziale Werte, wie Solidarität und Kooperation, sind neben den inhaltlichen Aspekten zentrale Lehrpunkte. Frontalunterricht wird hingegen als veraltet und fehlerhaft suggeriert, da das soziale Lernen zu wenig Beachtung findet.

Eine moderne und offene Sozialform des Unterrichts ist die Gruppenarbeit an Stationen. Hier wird vor allem die kooperative Zusammenarbeit gefördert und das selbstständige Lernen steht im Vordergrund. Der Lehrer soll die Schüler eher durch ein sokratisches Gespräch auf den richtigen Lösungsweg führen, als dass er nur eine richtige Antwort von ihnen fordert, wie es im Frontalunterricht oft der Fall ist. Dies soll das selbstständige Denken der Schüler fördern. Des

---

[22] (vgl. Bähr, I.: Kooperatives Lernen. 2005. S. 4)
[23] (vgl. Gudjons, H.: Neue Unterrichtskultur - veränderte Lehrerrolle, 2006. S. 92)

Weiteren sollen die drei Grundfähigkeiten wie Selbstbestimmung, Mitbestimmungsfähigkeit und Solidaritätsfähigkeit bei der Zusammenarbeit mit den Mitschülern geschult werden[24]. Vor allem das Mitbestimmen, zum Beispiel wie am besten ein gemeinsames Ziel erreicht wird, und das solidarische Verhalten gegenüber anderen werden in der Gruppenarbeit besonders geschult. Bei dem Bewusstsein, welche Probleme durch unkooperatives Arbeiten und Lernen entstehen können, erfahren die Schüler autodidaktisch den Sinn einer effektiven Zusammenarbeit.

Im Wesentlichen stehen sich also heute 2 Konzepte gegenüber. Zum einen der ‚Behaviorismus' und zum anderen der ‚Kognitivismus'. Der behavioristische Ansatz ist ein Reiz-Reaktionsmodell, wie es beim programmierten Unterricht, sprich dem Frontalunterricht, der Fall ist. Der Lehrer setzt einen Reiz und die Schüler reagieren auf diesen. Die Kognitionspsychologie beschäftigt sich hingegen mit der menschlichen Wahrnehmung, der Informationsverarbeitung von Schülern, dem Konzeptlernen und dem Bewusstsein und Verstehen von schulischem Lernen[25].

Wie schon erwähnt zielen die Theoretiker eher auf den Kognitivismus ab, da hier vermutlich eine höhere intrinsische Motivation der Schüler besteht. Des Weiteren wird Schule nicht mehr nur als Ort, an dem die Schüler lernen, angesehen; sie wird vielmehr als eigener Lebensraum beschrieben, weil die Kinder oder Jugendlichen dort einen Großteil ihrer Zeit verbringen. In diesem Lebensraum vollziehen sich personale, kulturelle und vor allem soziale Lernprozesse[26].

---

[24] (vgl. Gudjons, H.: Handbuch Gruppenunterricht. 2003. S. 42)
[25] (vgl. Steindorf, G..: Grundbegriffe des Lehrens und Lernens. 2000. S. 56)
[26] (vgl. Payrhuber, F. J.: Schule als Thema der Kinder- und Jugendliteratur. S. 706)

3.1 Frontalunterricht

Der Frontalunterricht ist eine „Sozialform des Unterrichts, bei dem ein Lehrer versucht, den Lernstoff an eine Schulklasse mit Hilfe sprachlicher Darbietung, Wandtafel, Schulbuch und Overheadprojektor unter Berücksichtigung methodischer Lernschritte an alle Schüler gleichzeitig und effektiv zu vermitteln. Dabei steuert und kontrolliert er mit Fragen und Impulsen den Fortgang des Lernprozesses"[27].

Nach Schaub und Zenke ist dies die aktuelle Definition von Frontalunterricht. Der Lehrer steht dabei im Mittelpunkt, weshalb man die Unterrichtsform auch als ‚lehrerzentriert' bezeichnen kann. Er leitet und bestimmt das Unterrichtsgeschehen von vorne mit Hilfe von verschiedenen Medien. So soll ein möglichst effektives und stoffzentriertes Lehren und Lernen gefördert werden. Die Schüler müssen sich dem Lehr- und Lerntempo anpassen, da die „unterrichtliche Interaktion und der inhaltliche Verlauf weitgehend (wie die Bezeichnung sagt) von der Person vorne (‚frontal' von lat. frons – Stirn) bestimmt werden"[28]. Der Vorteil dabei ist, dass der Unterricht minutiös geplant werden kann. So besteht die Möglichkeit, den vom jeweiligen Bundesland verordneten Lehrplan plan- und sinngemäß durchzuarbeiten.

Die Unterrichtung der Klasse verläuft im Plenum beziehungsweise im Klassenverband. Der Frontalunterricht, auch Klassenunterricht genannt, ist daher in die beiden Aktivitätsformen Vortrag und Frageunterricht gegliedert. Die Fragen können dabei sowohl vom Lehrer als auch vom Schüler ausgehen, wobei die Lehreraktivität natürlich sehr viel höher ausfällt als die Aktivität der Schüler. Der Klassenunterricht ist also ein „thematisch orientierter und sprachlich vermittelter Unterricht, in dem die Klasse gemeinsam unterrichtet wird und der Lehrer zumindest dem Anspruch nach die Arbeits-, Interaktions- und Kommunikationsprozesse steuert und kontrolliert"[29].

Nach einer Studie von Hage (1985), ist der Frontalunterricht mit ca. 78% die am häufigsten praktizierte Sozialform des Unterrichts[30]. Heutzutage werden die

---
[27] (Schaub & Zenke: Wörterbuch Pädagogik. 2000. S. 224)
[28] (Gudjons, H: Frontalunterricht – neu entdeckt. 2007. S. 22)
[29] (Meyer, H.: Unterrichtsmethoden II. 1989. S. 183)
[30] (vgl. Gudjons, H: Frontalunterricht – neu entdeckt. 2007. S. 39)

angehenden Lehrer jedoch immer mehr auf alternative Unterrichtsgestaltungen hingewiesen, so dass die oben angegebene Prozentzahl eher rückläufig ist. Eine genau Studie hierzu existiert noch nicht oder wurde nicht gefunden. Dennoch ist anzunehmen, dass der Frontalunterricht immer noch den Großteil der Unterrichtsgestaltung bestimmt.

3.1.1 Vorteile des Frontalunterrichts

In der modernen Literatur zur Unterrichtsgestaltung werden, wie schon in der Einleitung erwähnt, immer häufiger die Nachteile des Frontalunterrichts beziehungsweise die Vorteile von kooperativen Gruppenarbeiten publiziert. Jedoch hat die alt bewährte Form der deduktiven Lehrmethode auch viele Vorteile, denn sonst würde sie nicht über all die Jahre hinweg mehr oder weniger erfolgreich angewandt werden.

Mögliche Vorteile sind dabei:

- Der Lärmpegel ist im Gegensatz zu dem schülerorientierten Unterricht, z. B. Gruppenarbeit, wesentlich geringer und auch besser zu kontrollieren. Dadurch sinkt die psychische und physische Belastung des Lehrers und auch die der Schüler. Dies könnte die Aufnahmefähigkeit der Schüler steigern.
- Der Unterricht ist genauer planbar. Der Lehrer kann sich besser Ziele setzen, die er zum Beispiel in einer Unterrichtswoche erreichen will.
- Der Lehrer hat einen besseren Überblick über die Lernbereitschaft und Lernbeteiligung der Schüler. Mitarbeit kann dadurch mehr berücksichtigt werden, auch was die Bewertung der Schüler betrifft.
- Der Unterricht lässt sich, wie bereits erwähnt, genauer planen und gibt der Lehrkraft zusätzlich Sicherheit in der Unterrichts-durchführung. Lehr- und Lernziele, wie auch die sozialen Lernziele, können vom Lehrer besser vermittelt werden[31].
- Frontalunterricht bietet die Nutzung der pluralistischen Gesamtstärke einer

---

[31] (vgl. Gudjons, H: Frontalunterricht – neu entdeckt. 2007. S. 48)

Klasse zur Lösung eines Problems [32].

3.1.2 Nachteile des Frontalunterrichts

Vieles spricht für den Frontalunterricht. Daher sollte man ihn auch nicht gänzlich aus der Planung oder Gestaltung des Unterrichts streichen. Allerdings ist es auch nachteilig sich nur auf den Frontalunterricht zu berufen. „Es kommt also auf eine dynamische Balance zwischen Frontalunterricht, individuellem Lernen und Arbeit mit Partnern oder in Gruppen an"[33].

Wird ausschließlich Frontalunterricht angewandt, können folgende Nachteile entstehen:

- Einzelne Schüler können sich leicht verstecken und werden so vom Unterricht ausgeschlossen. Die eben positiv erwähnte pluralistische Gesamtstärke geht also nur von den guten beziehungsweise mitarbeitswilligen Schülern aus. Leistungsschwache Schüler enthalten sich meist völlig und verlieren immer mehr Anschluss.

- Frontalunterricht ist stark von dem Ideenreichtum des Lehrers abhängig. Ein schlechter Frontalunterricht kann schnell monoton und langweilig wirken. Die Lernbereitschaft der Schüler sinkt in diesem Fall schnell ab.

- Das **soziale und kooperative Lernen** ist im Frontalunterricht kaum gegeben. Solche Werte lernen die Schüler nur in direkter Interaktion mit ihren Mitschülern, wie es zum Beispiel bei Gruppenarbeiten der Fall ist.

- Weitere Lernziele wie Selbstständigkeit, Kommunikations- und Teamfähigkeit, so Gudjons, können durch den auf fachliches Lernen ausgelegte Frontalunterricht nicht vermittelt werden, da die Schüler nur rezeptiv lernen, das heißt sie lernen nicht selbständig. Eine **intrinsische Motivation** ist nicht gegeben.

- Allgemein ist die **Lernmotivation** der Schüler bei Frontalunterricht geringer als bei anderen Sozialformen des Unterrichts (z. B. Gruppenarbeit an Stationen – siehe Studie).

---

[32] (vgl. Gudjons, H: Frontalunterricht – neu entdeckt. 2007. S. 48f.)
[33] (Gudjons, H: Frontalunterricht – neu entdeckt. 2007. S. 37)

- Konträr zu den oben genannten Pro-Argumenten, gibt es auch Studien die beweisen, dass zwischen dem Wohlgefühl, der Leistungsfähigkeit und der Gesundheit einer Lehrperson und ihrer praktizierenden Unterrichtsform ein Zusammenhang besteht. Daraus geht hervor, dass ein Abbau von Frontalunterricht zugleich eine Steigerung der Lehrerentlastung und Lehrergesundheit bedeutet[34].
- Geringe Individualität der Schüler. Die Möglichkeit eigene Lern- und Denkprozesse in den Unterricht mit einzubringen ist kaum gegeben. Oft wird nur eine einzelne Antwort von den Schülern abverlangt, was vor allem für die Transferleistung der Lernenden nicht förderlich ist.

3.2 Gruppenarbeit an Stationen

„Gruppenunterricht ist eine Sozialform des Unterrichts, bei der durch zeitlich begrenzte Teilung des Klassenverbandes in mehrere Abteilungen arbeitsfähige Kleingruppen entstehen, die gemeinsam an der von der Lehrerin gestellten oder selbst erarbeiteten Themenstellung arbeiten und deren Arbeitsergebnisse in späteren Unterrichtsphasen für den Klassenverband nutzbar gemacht werden können. Gruppenarbeit ist die in dieser Sozialform von den Schülerinnen und der Lehrerin geleistete zielgerichtete Arbeit, soziale Interaktion und sprachliche Verständigung"[35].

Diese Definition von Meyer entspricht der Gruppenarbeit an Stationen. Die Schüler arbeiten hier in Kleingruppen zusammen und bearbeiten verschiedene Stationen mit unterschiedlichen Aufgaben (siehe Methodik). Diese sollten dabei aus 3-4 Personen bestehen, damit jeder Schüler beteiligt ist und kooperatives Lernen ermöglicht wird. „Kooperatives Lernen zeichnet sich dadurch aus, dass Schüler in kleineren Gruppen arbeiten, um sich beim Lernen des Stoffes gegenseitig zu helfen"[36]. Es empfiehlt sich die Arbeitsgruppen heterogen zu gestalten, so dass ein gegenseitiges Lehren und Lernen der Schülern gegeben ist. Besonders die ‚Teamfähigkeit' soll in den Kleingruppen gestärkt werden. Schüler müssen mit ihren Mitschülern interagieren und zusammenarbeiten, um ein bestimmtes Ziel zu erreichen, wie zum Beispiel das Lösen einer Aufgabe. Dabei sind Diskussionen unabdingbar. Während diesen Diskussionen kann ein

---

[34] (vgl. Gudjons, H: Frontalunterricht – neu entdeckt. 2007. S. 42)
[35] (Meyer, H.: Unterrichtsmethoden *II*. 1989. S. 242)
[36] (Bähr, I.: Kooperatives Lernen. 2005. S. 4)

inhaltlicher wie sozialer Lehr- und Lernprozess vollzogen werden. Die Schüler sollen sich gegenseitig helfen gewisse Dinge zu verstehen. Sie agieren also als Lehrende und sind gleichzeitig Lernende. Dies geschieht nicht nur auf inhaltlicher Basis, sondern auch auf sozialer Ebene, indem die Schüler sich selbst Regeln erarbeiten, die ein produktives Arbeitsklima ermöglichen. Eine Regel wäre zum Beispiel, den Sprecher ausreden zu lassen.

Gruppenunterricht hat im Gegensatz zum Frontalunterricht zwei Lehr- und Lernaspekte. Zum einen den methodisch-didaktischen Teil und zum anderen den erzieherischen Part. „Gruppenunterricht kann – ähnlich wie Partnerarbeit – ausschließlich als ein unterrichtsorganisatorisches Arrangement oder als ein Erziehungsmittel im Zusammenhang mit der Gruppenpädagogik verstanden werden"[37]. Die individuelle soziale Reifung der Schüler steht bei der Gruppenarbeit also im Vordergrund. Schule ist somit nicht nur mehr eine Lehranstalt, sondern sie wird in der heutigen Zeit als Ort sozialen und fachlichen Lernens betrachtet, sprich sie fungiert auch als sozialerzieherische Institution.

3.2.1 Nachteile der Gruppenarbeit

Obwohl der Gruppenunterricht in der Literatur immer größeren Zuspruch findet, bringt er auch, wie jedes anderes Unterrichtskonzept, gewisse Nachteile mit sich.

Etwaige Nachteile bei dieser Sozialform des Unterrichts sind:

- Der Gruppenunterricht an Stationen beansprucht viel Zeit. Zum einen benötigt der Aufbau der Stationen zu Beginn der Stunde einige Minuten. Zum anderen bestimmen die Schüler das Lerntempo, welches geringer ist als es beim Frontalunterricht der Fall wäre.
- Es besteht eine Gefahr von Konflikten in der Gruppe. Falsch durchdachte Gruppeneinteilungen können sogar „das Lernen verhindern und die sozialen Interaktionen in der Klasse reduzieren, statt sie zu fördern"[38].
- Fehlentscheidungen oder falsches Lernen könnte die Folge von

---

[37] (Steindorf, G.: Grundbegriffe des Lehrens und Lernens. 2000. S. 167)
[38] (Woolfolk, A.: Pädagogische Pyschologie. 2008. S. 509 f.)

dominanzgeprägtem Verhalten sein. Sozial anerkannte oder ‚starke' Schüler übernehmen die Gruppenführung und die Entscheidungen und beeinflussen so ‚schwächere' Schüler, die mehr passiv als aktiv an der Diskussion teilnehmen.

- „Viele Lernende diskutieren vor allem darüber, wie sie die Aufgabe möglichst schnell und einfach erledigen können, ohne sich inhaltlich damit beschäftigt zu haben"[39]. Es sollte daher darauf geachtet werden, dass auch lernwillige Schüler in der Gruppe vorhanden sind.

3.2.2 Vorteile der Gruppenarbeit

Die Gruppenarbeit an Stationen hat theoretische Vorteile gegenüber dem reinen Frontalunterricht. Es ist daher wichtig, solche Unterrichtsformen vermehrt in die Unterrichtsgestaltung zu integrieren.

Die Vorteile dieser Unterrichtsform sind:

- Kooperatives Lernen wird gefördert. „Kooperatives Lernen trägt zur Verbesserung von Sozial- und Methodenkompetenzen der Schülerinnen und Schüler bei und führt auch in Bezug auf fachliches Lernen zu nachhaltigeren und besser transferierbaren Lernergebnissen (zsfd. Johnson et al. 2000; Neber 2001, 362)"[40]. Der immer wichtiger werdende Sozialaspekt beziehungsweise der korrekte Umgang mit den Mitschülern findet also bei dieser Unterrichtsform mehr Beachtung als im Frontalunterricht. Dies hat eine positive Auswirkung auf soziale, affektive, motivationale und kognitive Verhaltensmerkmale.

- **Höhere Lernmotivation.** Vor allem **die intrinsische Motivation** steigt an. Die Schüler beantworten die gestellten Aufgaben nicht nur weil der Lehrer es von ihnen fordert, sondern sie versuchen aus Eigeninteresse diese zu lösen. Da sie in einer gleichrangigen Gruppe agieren, haben die Schüler weniger Hemmungen falsche Antworten zu geben und bringen sich daher mehr in den Unterricht beziehungsweise in die Gruppendiskussion mit ein.

---

[39] (Schräder-Naef, R.: Lerntraining in der Schule. 2002. S. 50)
[40] (Bähr, I.: Kooperatives Lernen. 2005. S. 4)

Auch die **extrinsische Motivation** steigt durch den Gruppendruck an. Die Schüler haben gegenüber ihrer Gruppe ein höheres Verantwortungsgefühl als sich selbst gegenüber und entwickeln daher eine größere Motivation, damit sie ihre Mitschüler nicht enttäuschen, beziehungsweise um Teil der Gruppe zu sein.

- Die Kleingruppen haben den Vorteil, dass sich kein Schüler seiner Verantwortung entziehen kann. Es entsteht ein so genannter ‚Gruppendruck', bei dem jeder einzelne gefordert ist. Gegenseitiges Helfen wird dabei gefördert. Es ergibt sich eine positive Wechselwirkung im Lernprozess. „Der Einzelne hat auch bzw. erst dann Erfolg, wenn auch alle anderen Mitglieder seines Teams einen Lernfortschritt erzielen"[41]. Jeder Schüler trägt also eine individuelle Verantwortung für das Gruppenziel, welches nur erreicht werden kann, wenn sich jeder Einzelne konstruktiv in die Gruppendiskussion einbringt.

- „In Gruppenarbeiten werden Möglichkeiten gesehen, dass die Schüler und Schülerinnen selbstständig, zielgerichtet und eigenverantwortlich handeln und diese Kompetenzen einüben können"[42]. Ein Zusammengehörigkeitsgefühl in der Gruppe soll und kann dabei entstehen.

- Durch die Mitarbeit in der Gruppe wird das Selbstwertgefühl des Einzelnen gesteigert. Das hat zur Folge, dass emotionale Lernwiderstände abgebaut werden[43].

---

[41] (Bähr, I.: Kooperatives Lernen. 2005. S. 6)
[42] (Schräder-Naef, R.: Lerntraining in der Schule. 2002. S. 49)
[43] (vgl. Schräder-Naef, R.: Lerntraining in der Schule. 2002. S. 49)

4. Fragestellung und Hypothesen

Durch die theoretische Einführung ergibt sich die Frage, ob die Theorie auch wirklich in der Praxis umgesetzt werden kann. Führen alternative Lehrmethoden wirklich zu einer Motivationssteigerung der Schüler? Hat diese Motivationssteigerung Auswirkungen auf den Lernzuwachs? Lernen die Schüler sich in einer Gruppe kooperativ zu verhalten?

Um diese Fragen zu klären, wurden drei Hypothesen aufgestellt, die in einer Studie anschließend untersucht worden sind.

4.1 Hypothesen zur Lernmotivation

Die Hypothese zur Lernmotivation ist die Haupthypothese dieser Studie. Sie lautet: Der Gruppenunterricht an Stationen führt im Gegensatz zum Frontalunterricht zu einer höheren Lernmotivation der Schüler. Es besteht ein insgesamt höheres Interesse am Lerngegenstand.

4.2 Hypothesen zum Lernzuwachs

Einhergehend mit einer größeren Lernmotivation beziehungsweise einer höheren intrinsischen Motivation impliziert diese Zusammenhangshypothese, dass auch ein höherer Lernzuwachs bei der Gruppe mit der alternativen Lehrmethode zu erwarten ist.

→ Der Lernzuwachs ist im reinen Frontalunterricht geringer als in einem Unterricht mit Gruppenarbeit an Stationen.

4.3 Hypothese zum kooperativen Lernen

Es findet eine bessere kooperative Zusammenarbeit der Schüler untereinander im Gruppenunterricht an Stationen statt als dies im Frontalunterricht der Fall ist. Die Schüler der alternativen Unterrichtsmethode entwickeln eine höhere soziale Adaption.

5. Methodik

5.1 Rahmenbedingungen

Die Studie zu den unter ‚Punkt 4' genannten Hypothesen wurde in einer Schule aus Eschborn durchgeführt. Dies ist eine integrierte Gesamtschule, in der Schüler mit Haupt-, Real- und Gymnasialempfehlung gemeinsam unterrichtet werden.

Zur Studiendurchführung wurden mir zwei Fünferklassen zur Verfügung gestellt. Aufgrund des eng gestaffelten Lehrplans hatten allerdings nur zwei Lehrerinnen Zeit mir eine Woche Unterricht ‚abzugeben'. Das hatte zur Folge, dass ich sowohl eine Gymnasialklasse als auch eine Realschulklasse zur Unterrichtung hatte, was wiederum Auswirkungen auf die Leistung der Schüler hatte, wie es später auch im Wissenstest zu beobachten war. Um diese Ergebnisse zu bestätigen, müsste demnach noch einmal explizit die Validität des Wissenstest überprüft werden.

→ „Die Validität eines Testes gibt an, wie gut der Test in der Lage ist, genau das zu messen, was er zu messen vorgibt"[44].

Die Unterrichtsmethode ‚Gruppenarbeit an Stationen' wurde in der Gymnasialklasse effektuiert. Die Klasse bestand aus 25 Schülerinnen und Schüler, von denen insgesamt 22 an der Studie teilnahmen.

Der ‚Frontalunterricht' wurde in der Realschulklasse umgesetzt. Diese Klasse zählte 26 Schülerinnen und Schüler, von denen sich allerdings auch nur 22 beteiligten durften.

Insgesamt waren 59,1% der Probanden männlich und 40,9% weiblich, folglich nahmen 26 Jungen und 18 Mädchen teil. Die deskriptive Statistik der Teilnehmer (siehe Anhang) ergab weiterhin, dass das Alter bei einem Mittelwert von 10,79 ($s = .55$) lag. Die Note im Unterrichtsfach Deutsch, in dem auch die Studie stattfand, zeigte einen Mittelwert von 2,85 ($s = .68$) auf. Elf der Schüler

---

[44] (Bortz, J.; Döring, N.: Forschungsmethoden und Evaluation für Sozialwissenschaftler. 2003. S. 199)

nahmen jedoch eine Nachhilfe in diesem Fach in Anspruch. Die Nachhilfe erstreckt sich von 15 Minuten bis zu 120 Minuten in der Woche.

65,9% der Schüler sind Muttersprachler, während 29,5% neben Deutsch auch noch andere Sprachen zu Hause sprechen. Nur 4,5% sprechen zumindest in der Familie überhaupt kein Deutsch. Die Verteilung in den Klassen ist diesbezüglich recht homogen. Auffällig ist jedoch, dass nur ein Schüler der Gymnasialklasse die Klassenstufe 5 wiederholen muss, während bei der Realschulklasse sechs Schüler diese Klassenstufe schon einmal durchlaufen haben.

Die deskriptive Statistik konnte auf dem Deckblatt des Fragebogens erhoben werden. Die eigentlichen Items zur Überprüfung der Hypothesen wurden anschließend befragt. Der Lernzuwachs wurde in einem gesonderten Wissenstest überprüft. Sowohl Fragebogen als auch Wissenstest beantworteten die Schüler vor der Unterrichtseinheit ‚Einführung in die Pronomen' wie auch nach dem jeweiligen Unterrichtsblock.

5.1.1 Fragebogen[45]

Der Fragebogen (siehe Anhang) dient zur Erhebung und Evaluation bestimmter Daten und ist anonym. Neben der Befragung über die Stichprobenanalyse; hierzu gehören die persönlichen Daten, die schulischen Leistungen und die Informationen über die Wohnsituation; erfasst der Bogen Daten, die für die Studie von zentraler Bedeutung sind. Insgesamt bestehen diese Daten aus 52 Items, die wiederum 16 Skalen erfassen. Die Skalen wurden teilweise von verschiedenen Fragebögen übernommen oder umgeschrieben (siehe Skalendokumentation im Anhang). Die Skalen mit den dazugehörigen Items diagnostizieren einerseits die Lernmotivation und andererseits das kooperative Verhalten der Schüler. Auf einer Bewertungstabelle von 1 (‚stimmte gar nicht zu') bis 5 (‚stimme voll und ganz zu') können die Schüler individuelle Angaben zu den jeweiligen Items machen.

---

[45] Die Fragen 31, 32 und 51 des Fragebogens, die die Selbstbestimmung der Schüler analysieren, wurden nicht ausgewertet. Die Selbstbestimmungs-Skala ist keine Anlehnung an das selbstbestimmte Lernen (siehe Skalendokumentation).

Zur Lernmotivation zählen die Skalen: Lernbereitschaft, Leistungs- und Unterrichtsdruck, Vermittlungsqualität, Zufriedenheit mit dem Unterricht, Schülerbeteiligung, Selbstwirksamkeit, Interesse, Motivation.

Verschiedene Skalen haben nur indirekt Einfluss auf die Lernmotivation der Schüler, wie zum Beispiel die Selbstwirksamkeit. Hier lautet ein Item: „Es fällt mir leicht im Deutschunterricht neuen Unterrichtsstoff zu verstehen" (siehe Skalendokumentation). Die Frage zielt also darauf ab, in welchem der beiden Unterrichtskonzepten den Schüler es durchschnittlich leichter gefallen ist den neuen Lernstoff zu verstehen. Eine leichtere Verständlichkeit wirkt sich vermutlich auch positiv auf die Motivation der Schüler aus, weshalb diese Skala auch zur Lernmotivation erhoben wurde.

Zum kooperativen Verhalten zählen hingegen folgende Skalen: Rivalität, Gemeinschaft, Aggression und Diskriminierung, Zufriedenheit mit den Mitschülern, Konkurrenzverhalten, Selbstkonzept, Solidarität, Mitbestimmung.

Diese Skalen eruieren das kooperative Verhalten in der Klasse beziehungsweise wie die Schüler sich und ihre Mitschüler im Unterricht allgemein und in der speziell durchgeführten Unterrichtseinheit einschätzen. Eine genauere Erklärung der Items oder Skalen findet im Ergebnisteil statt.

Um die Zuverlässigkeit der im Fragebogen erhobenen Daten zu verifizieren, wurde ein Reliabilitätstest durchgeführt. Dieser ist allerdings optimiert, das heißt ein Item wird weggestrichen, um ein signifikantes Ergebnis zu erhalten. So wird zum Beispiel bei der Skala ‚Zufriedenheit Mitschüler' das dritte Item zur Studienauswertung nicht berücksichtigt, welches lautet: „Mit den Schülern in dieser Klasse kann man nicht zufrieden sein". Im Gegensatz zu den meisten anderen Items müssen die Schüler hier umgekehrt bewerten. Das heißt, wenn sie sagen wollen, dass sie mit den Mitschülern gut zusammen arbeiten können, müssen sie dieses Item mit dem Wert 1 (1 = stimme nicht zu) bewerten. Da durch diese ‚verdrehte' Fragestellung allerdings kein vernünftiger Vergleich der Mittelwerte mehr möglich ist und sie auch anscheinend zu Verwirrungen bei den Schüler führt, wird dieses Item in der Auswertung nicht berücksichtig, damit die Daten nicht verfälscht werden.

„Unter der Reliabilität oder Zuverlässigkeit eines Tests versteht man den Grad der Genauigkeit, mit dem er ein bestimmtes Persönlichkeits- oder Verhaltensmerkmal mißt, gleichgültig, ob er dieses Merkmal auch zu messen beansprucht"[46].

Tab. 1 Reliabilitäten der Skalen:

Skala	Items	Vortest Reliabilität	Nachtest Reliabilität
Rivalität+Item Konkurrenzverhalten [4]	3	.553	.675
Zufriedenheit Unterricht	2	.55	.782
Selbstwirksamkeit[5]	2	.698	.659
Interesse[6]	2	.863	.909
Selbstkonzept	3	.695	.562
Motivation	4	.597	.252
Solidarität	3	.566	.738
Mitbestimmung[7]	2	.724	.778
Rivalität[1]	2	.560	.621
Gemeinschaft	4	.492	.565
Lernbereitschaft	3	.406	.264
LUdruck[2]	2	.639	.626
Vermittlungsqualität	3	.613	.092 (ohne Item 2 .560)
Schülerbeteiligung	3	.291	.363
Aggression/Diskriminierung	3	.235	.626
Zufriedenheit Mitschüler[3]	4	.579	.526

[1] ohne Item 3
[2] ohne Item 1
[3] ohne Item 3
[4] ohne Item 3
[5] ohne Item 3
[6] ohne Item 3
[7] ohne Item 2

Bei der Analyse der optimierten Reliabilitäten fällt auf, dass nur in Einzelfällen das Kriterium der Zuverlässigkeit verfehlt wurde. Im Vortest wie im Nachtest ist das zum Beispiel bei der Lernbereitschaft und der Schülerbeteiligung der Fall. Hier urteilen die Schüler auf inhaltlich ähnliche Items unterschiedlich. Im Vortest

---

[46] (Lienert/Raatz: Testaufbau und Testanalyse. 1998. S. 9)

ist ansonsten nur bei der Aggressions-/Diskriminierungsskala (.23) eine zu geringe Übereinstimmung zu erkennen. Im Nachtest hingegen tritt bei der Motivation und der Vermittlungsqualität mit Item 2 ein Wert von unter .30 auf. Gerade auf diese Skalen muss im Diskussionsteil daher Rücksicht genommen werden. Alle anderen Skalen weisen eine gute Reliabilität auf oder sind nur knapp unter dem Grenzwert von .60. Hingegen den oben genannten Skalen besteht vor allem in den Items, die das Interesse der Schüler testen, ein sehr hoher Zusammenhang (ca.90).

5.1.2 Wissenstest

Der Wissenstest (siehe Anhang) wurde sowohl vor der Unterrichtseinheit ‚Einführung in die Pronomen' durchgeführt als auch nach dieser Einheit. Er ist so konzipiert, dass er nicht zu leicht für die Schüler der fünften Klasse zu lösen ist. Allerdings ist es auch nicht unmöglich, nach reiflicher Überlegung, die richtige Antwort zu erraten.

Der Pretest soll das Vorwissen der Schüler zu dem Thema erfassen. Er besteht aus insgesamt sechs Aufgaben, die die verschiedenen Pronomenklassen abfragen. Die erste Aufgabe befasst sich mit den Personalpronomen. Hier müssen die Schüler vorher erwähnte Nomen durch Pronomen ersetzen. Die zweite Aufgabe beschäftigt sich mit den Possessivpronomen. Auch dort müssen die Lücken mit den passenden Pronomen gefüllt werden. Aufgabe drei erfragt mit dem gleichen Schema die Relativpronomen. Dies sind die leichtesten Aufgaben des Tests, da man sich die Antwort auch aus dem Kontext erschließen kann, sofern man mit den Begriffen vertraut ist. Aufgabe vier erfordert die Kenntnis aller Pronomenklassen. Es werden vier Pronomen genannt. Drei davon gehören derselben Klasse an und nur eins einer anderen. In Aufgabe fünf müssen die Schüler sich eigene Sätze mit Demonstrativpronomen ausdenken. Dies ist eine sehr schwierige Aufgabe, da keine Anhaltspunkte gegeben sind, an denen man sich eine Antwort erschließen könnte. Die letzte Aufgabe fasst noch einmal alles zusammen. Die Schüler müssen die verschiedenen Pronomen in einem vorgegebenen Text erkennen und farblich markieren.

Der Posttest ist identisch mit dem Pretest. So kann der Wissenszuwachs, der in der jeweiligen Unterrichtseinheit erworben wurde, bestimmt werden. Damit das Ergebnis so wenig wie möglich von äußeren Umständen beeinflusst wird, wurde der Unterricht, mit den zwei verschiedenen Unterrichtsmethoden, in beiden Klassen von mir persönlich gehalten. Anschließend kann also nicht nur Pre- und Posttest verglichen werden, sondern auch der Wissenszuwachs im Frontalunterricht im Gegensatz zum Gruppenunterricht an Stationen.

5.2 Durchführung

Nach der ersten Datenerhebung erfolgt die einwöchige Unterrichtseinheit.

5.2.1 Einführung der Pronomen - Gruppenarbeit an Stationen

Lehr – u. Lernvoraussetzungen

Die zu unterrichtende Klasse ist eine fünfte Gymnasialklasse, die bereits an das G8 – Schulsystem gebunden ist. Sie besteht aus 22 teilnehmenden Schülern, von denen 14 männlich und acht weiblich sind. Sieben von ihnen haben Deutsch als Zweitsprache. Die Schulklasse ist der Lehrerin bereits seit Beginn des Schuljahrs bekannt. Die Konzentration und Arbeitsbereitschaft ist recht hoch. Allerdings gibt es vereinzelt Schüler, denen es schwer fällt sich bei eigenständiger Arbeit zu konzentrieren. Doch besonders bei Partner- oder Gruppenarbeiten herrscht eine positive Arbeitsatmosphäre. Der Umgang zwischen Lehrkraft und Schüler ist freundlich und sorgt daher für ein entspanntes Arbeitsklima. Insgesamt haben die Schüler eine sehr hohe Lernbereitschaft. Sie lassen sich gerne motivieren und zeigen bei einer übergeordneten Zielsetzung (z.B. Zooplan vervollständigen) eine sehr hohe Arbeitsbereitschaft.

Der zeitliche Rahmen zur Einführung der Pronomen umfasst ca. fünf Stunden. Dabei sollte die fünfte oder womöglich auch sechste Stunde zur gemeinsamen Wiederholung beziehungsweise Ergebnispräsentation genutzt werden. Die erste Stunde dient als allgemeine Einführung in das Thema; die anderen zur Durchführung der Stationsarbeit (näheres hierzu unter dem Punkt „Methodisches Vorgehen"). Da die Klasse aus 22 Schüler besteht, kann man sie in sechs Dreiergruppen und eine Vierergruppe aufteilen. In jeder Gruppe sollte ein ‚Experte' beziehungsweise ein etwas besserer Schüler sein, damit er seiner Gruppe schwierige Sachverhalte erklären kann. Die Gruppeneinteilung wird von der Lehrerin durchgeführt, weil das Leistungsniveau sinnvoll verteilt werden muss. Da der Lehrplan nur ca. 48 Stunden für den gesamten Arbeitsbereich „Reflexion über Sprache" zur Verfügung stellt[47], darf die Arbeitszeit von fünf bis sechs Stunden nicht überschritten werden. In diesen Stunden ist es allerdings nur schwer möglich, die vier Pronomenklassen (Personal-, Demonstrativ-, Relativ- u. Possessivpronomen) ausreichend einzuführen.

Das Thema „Pronomen" sollte am besten nach dem Unterrichtsthema „Kasus" eingeführt werden, da es eng damit verbunden ist und somit zur Festigung des vorher Erlernten dient. Dies ist auch im hessischen Lehrplan für Deutsch so gefordert.

Sachanalyse

Das Pronomen setzt sich aus den Wörtern „pro" (lat. für) und „nomen" zusammen. Ein Pronomen steht im Deutschen also stellvertretend für ein Nomen (z. B. ‚Er' anstelle von ‚Peter'), kann dieses aber auch nur begleiten (z. B. Mein Haus) oder es genauer bestimmen (z. B. Dieses Auto). Man bezeichnet es daher auch vereinfacht als „Fürwort". „Im Deutschen kann das Pronomen als satzgliedfähige, nicht artikelfähige, nicht komparierbare, deklinierbare, flektierbare Wortart definiert werden"[48]. Pronomen, wie auch Nomen, Artikel, Adjektive und Verben gehören zu den flektierbaren Wortarten. Das heißt Nomen sind veränderlich. Pronomen können in verschiedene Klassen eingeteilt werden. Hierzu gehören:

- Personalpronomen (persönlich) Bsp.: Ich, du, er,...
- Possessivpronomen (besitzanzeigend) Bsp.: Mein, dein, sein,...
- Relativpronomen (bezüglich) Bsp.: Welcher, welche, welches,...
- Demonstrativpronomen (hinweisend) Bsp.: Dieser, diese, dieses,...
- Reflexivpronomen (rückbezüglich) Bsp.: Mich, dich, sich,...
- Interrogativpronomen (fragend) Bsp.: Wer?, was?, welcher?,...

---

[47] (vgl. Lehrplan Deutsch, Hessen. S.18)
[48] (Kessel/Reimann: Basiswissen Deutsche Gegenwartssprache. 2005. S. 63)

- Indefinitpronomen (unbestimmend) Bsp.: Einer, mancher, jemand,...

Um die Pronomen korrekt einführen zu können, ist es wichtig die einzelnen Formen zu kennen, sprich Kasus (Nominativ, Akkusativ, Dativ, Genitiv) und Genus (maskulin, feminin, neutrum). Als Arbeitsweise ist eine Stationsarbeit vorgesehen. Bei einer Stationsarbeit werden die einzelnen Pronomenklassen in verschiedenen Stationen behandelt. Die Schüler müssen sich dabei die richtigen Lösungen selbst erarbeiten.

Didaktische Analyse

Im Lehrplan sind die Pronomen (Personal-, Demonstrativ-, Relativ-, Possessivpronomen) unter Wortarten als verbindlicher Unterrichtsinhalt im Arbeitsbereich 3 aufgelistet. Einige ausgewählte Argumente des Lehrplans sollen im Folgenden als Begründung der Themenwahl und der Durchführung im Gruppenunterricht dienen: „Diese Altersstufe verlangt vom Grammatikunterricht eine anschauliche Vorgehensweise, die Theoretisieren vermeidet. Eine grammatische Terminologie als Fachsprache muss aufgebaut werden, weil sonst die Metaebene der Sprachbeschreibung nicht erreicht werden kann." Die Inhalte sollen so gewählt sein, dass ein Überblick über grammatische und orthographische Elemente entsteht, der auch in den nachfolgenden Jahrgangsstufen benutzt werden kann."[49]

Pronomen gehören in der Kategorie der Wortarten neben Verben, Substantiven, Artikeln oder Adjektiven zu den Grundlagen der deutschen Sprache. Durch die Verbindung ist die Grundfunktion der Sprache überhaupt erst gegeben. Mitteilung sowie Verständigung mittels sprachlichen Handelns ist aktuell wichtiger denn je. Bis auf die unbewusste Nutzung der Pronomen im mündlichen Umgang, haben die Schüler keine fachlichen Erfahrungen mit den Pronomen. Den Schülern sind die Formen zwar bekannt, können sie aber keiner Kategorie zuordnen. Durch die Unterrichtseinheit gewinnen sie einen ersten Überblick darüber was Pronomen sind und wie sie eingesetzt werden. Ohne eine detaillierte Betrachtung der Pronomen ist das Erreichen der Metaebene nicht möglich. In dem Unterrichtsansatz sollen Fähigkeiten und fachliche Kenntnisse

---

[49] (Lehrplan Deutsch, Hessen. S. 18)

vermittelt werden, die es ermöglichen im weiteren Ausbildungsweg auf grammatische Grundkenntnisse zurückzugreifen.

Doch nicht nur in der Schule, sondern auch im alltäglichen Leben ist der geübte Umgang mit Pronomen von Bedeutung. Bewerbungsschreiben oder Motivationsschreiben für einen Beruf basieren auf den Grundlagen der deutschen Sprache. Der in dieser Einheit bearbeitete Inhalt ist ein Teil der Basisvoraussetzung für einen erfolgreichen Umgang mit der deutschen Sprache und gerade deswegen ist die frühe Auseinandersetzung mit den grammatischen Elementen notwendig. Wie andere grammatische Elemente sind Pronomen in einen größeren Zusammenhang eingebettet. Sie gehören zum Teilfeld der Wortarten. Hier ist vor allem wichtig die Grundelemente, wie zum Beispiel den „Kasus", zu erlernen, damit ein generelles Verständnis für die einzelnen Pronomenklassen entwickelt wird. Wie schon erwähnt sollten daher die Unterrichtsthemen ‚Kasus' und ‚Pronomen' eng miteinander verbunden sein und eine „Blockeinheit" bilden. Dabei ist vor allem darauf zu achten, die Schüler mit der Vielfältigkeit der Pronomen nicht zu überfordern. Bereits in der Sachanalyse erwähnt gibt es eine Vielzahl von Pronomenklassen. Alle auf einmal einzuführen, würde eher für Verwirrung sorgen und der erwünschte Lernerfolg bliebe aus. Deshalb werden in der fünften Klasse höchstens vier Pronomenklassen eingeführt: Das Personalpronomen, das Demonstrativpronomen, das Relativpronomen und das Possessivpronomen. Es ist sinnvoll mit der Einführung des Personalpronomens zu beginnen, weil die Schüler dieses am häufigsten in ihrem alltäglichen Sprachgebrauch benutzen und somit einen besseren Bezug zu diesem Pronomen haben. Bei der Einführung des Personalpronomens ist es wichtig, den Schülern den Unterschied zu den Artikeln zu verdeutlichen. Ist dieses Ziel erreicht, kann das Possessivpronomen einführt werden, welches für die Schüler ebenfalls leicht zu verstehen ist. Erst darauf aufbauend sollten die anderen beiden Pronomenklassen behandelt werden.

Zusammenfassend formuliert der Lehrplan des Bildungsgang Gymnasium seine Erwartungen bei Wortarten wie folgt: „Wortarten: zu unterscheiden und an

Beispielen zu klassifizieren, ihre Funktion im Satz zu erkennen, sie entsprechend verwenden und richtig schreiben"[50].

Methodisches Vorgehen

Um das Unterrichtsthema „Pronomen" einzuführen, wird ein offener Unterrichtsansatz gewählt. Das Thema ist auf etwa fünf bis sechs Stunden begrenzt, da der zu behandelnde Stoff schon in der fünften Klasse durch das G8-Schulsystem sehr vielseitig ist.

In der ersten Stunde sollen die Schüler, die verschiedenen Pronomenklassen kennenlernen, sprich Personalpronomen, Possessivpronomen, Demonstrativpronomen und Relativpronomen. Mehr wird durch den Lehrplan für die fünfte Klasse nicht vorgeschrieben, da es die Schüler in dieser kurzen Lernzeit überfordern würde. Diese kleine Einführung der Pronomenklassen geschieht mittels deduktiver Lehrmethode. Das heißt, der Lehrer erklärt den Schülern in einer geschlossenen Unterrichtsform, was Pronomen sind und wie man sie einsetzt. Eine knappe frontale Einführung ist wichtig, da die Schüler noch nicht mit den Pronomen vertraut sind und es ihnen zu schwer fallen würde selbstständig die einzelnen Pronomen zu erkennen und sie den entsprechenden Klassen zuzuordnen. Den Schülern soll also zuerst eine gewisse Vorstellung von den Pronomen vermittelt werden, ehe sie sich selbstständig damit befassen. Dazu dient auch ein Merkhef), das am Ende der ersten ‚Sequenz' jedem Schüler ausgehändigt wird. Gegebenenfalls kann es auch von den Schülern selbst erstellt werden (z. B. als Hausaufgabe).

Ist dieses Lernziel ‚Kennenlernen der Pronomen' erreicht, kann man zur eigentlichen Hauptphase übergehen, die sich mit dem richtigen Umgang der Pronomen beschäftigt. Dieser Teil wird nun induktiv unterrichtet, damit die Schüler autodidaktisch arbeiten können. Es ist also ein offener Unterrichtsansatz, der die Schüler dazu ermutigen soll, auch mit etwas Spaß, die einzelnen Pronomenübungen zu durchlaufen. Schüler-orientierter Unterricht dient im Allgemeinen dazu, „dass literarische und kommunikative Handlungs- und Inhaltsangebote für sie subjektiv bedeutsam werden, um sich mit ihnen auseinander zu setzen, sich mit ihnen identifizieren zu können oder sich von ihnen abzugren-

---

[50] (Lehrplan Deutsch, Hessen. S. 18)

zen. Sie dienen auch dazu, die eigenen Vorstellungen zu artikulieren und zu reflektieren"[51].

Diese induktive Lehrmethode besteht aus einer Stationsarbeit, die in den verbleibenden Stunden in Dreiergruppen absolviert wird. Es werden Dreiergruppen gewählt, da dadurch erstens immer zwei von zehn Stationen nicht besetzt sind und zweitens sich niemand aus der Gruppe entziehen kann. Schüler entwickeln vor allem in kleinen Gruppen eine gewisse Verantwortung gegenüber den Gruppenmitgliedern. So sind fast alle gleichermaßen am Entscheidungs- und Lernprozess beteiligt.

Der Konzeptplan lautet ‚Zoobesuch'. Vor Beginn der Stationsarbeit erhält daher jede Gruppe einen Zooplan mit leeren Gehegen (siehe Anhang), für den sie sich einen fiktiven Namen ausdenken dürfen. Ziel jeder Gruppe ist es, die leeren Gehege wieder mit den einzelnen Tieren zu füllen. Dies gelingt ihnen jedoch nur, wenn sie die einzelnen Tierstationen erfolgreich durchlaufen. Für jede Station, die die Schüler effektiv absolvieren, gibt es einen Tiersticker vom Lehrer, den sie sich auf den Zooplan kleben können. Der Lehrer besitzt ein Lösungsheft mit dem er möglichst schnell jede Station kontrollieren kann. Sollte eine Gruppe Probleme haben, kann sie sich zunächst an einen Experten aus einer anderen Gruppe wenden. Die Experten entstehen nach der ersten Arbeitsphase (bzw. sobald erste Stationen gelöst wurden), da anschließend jeder die Möglichkeit besitzt sich auf einem Plakat als Experte für eine bestimmte Station zu vermerken. Somit ist gewährleistet, dass die Schüler sich auch unter den Gruppen helfen können. Sollte es einer Gruppe dennoch nicht gelingen eine Station zu meistern, ist es die Aufgabe der Lehrkraft durch ein sokratisches Gespräch die Schüler auf die richtige Lösung zu bringen. Diese Vorgehensweise ist wichtig, da die Lernenden immer noch selbst überlegen müssen, wie sie die Aufgabe lösen. Dadurch wird ein nachhaltiger Lernerfolg gesichert. Des Weiteren können sich die Schüler in den Gruppen selbst erklären, wie sie auf bestimmte Lösungen kommen. Kleinere Diskussionen innerhalb der Gruppe sind erwünscht und sollten nicht unterbunden werden. Sollte der Lehrer nicht zur Verfügung stehen, können die Gruppen ihr Merkheft auch als Unterstützung nutzen.

---

[51] (Lehrplan Deutsch, Hessen. S. 3)

Sofern es einer Gruppe gelingt innerhalb der vorgegebenen Zeit alle Tiere wieder einzufangen, erhält sie als Belohnung ein Zoozertifikat (siehe Anhang) vom Lehrer. Die Stationen sind so aufgebaut, dass die nicht laminierten als Einstieg genutzt werden sollten. Sie befassen sich meist nur mit ein oder zwei Pronomenarten und sind daher leichter zu bewältigen. Diese Stationen werden auch mehrfach angefertigt, so dass mehrere Gruppen gleichzeitig an einer Station arbeiten können. Die laminierten Stationen (Spinnen-, Löwen-, Schildkröten- und Affenstation) sind eher spielerisch gestaltet, aber auch anspruchsvoller. So verlieren die Schüler auch bei etwas schwierigeren Aufgaben nicht gleich die Lust, da der Spieltrieb überwiegt (z. B. Spinnenspiel). Alle Stationen befassen sich auch mit dem Thema Zoo, damit ein roter Faden in dem Konzept für jeden erkennbar ist. Auf jeder Station ist eine Anleitung für die Schüler. Sie wissen also gleich was zu tun ist, können selbstständig arbeiten und müssen nicht zu einzelnen Stationen den Lehrer befragen. Sollte eine Gruppe schon vor Ablauf der Zeit mit allen Stationen durch sein, kann diese sich nochmals mit Stationen wie Löwentwister, Spinnenspiel, Affenmemory oder Schildkröte beschäftigen. Diese Stationen sind extra so konzipiert, dass man sie öfters durchlaufen kann, ohne immer wieder die gleiche Lösung zu haben. Sollte es einer Gruppe nicht gelingen alle Stationen zu durchlaufen, können diese als Hausaufgabe verteilt werden. Das steigert auch gleichzeitig das Bemühen, alle Stationen in der gegebenen Zeit zu absolvieren.

(Eine Unterrichtsverlaufstabelle befindet sich im Anhang)

Lernziele

Basierend auf der didaktischen Analyse formuliert sich das übergeordnete Lernziel. Die Schüler sollen nach dem Unterrichtsblock wissen, was Pronomen sind und wie man sie einsetzt. Darüber hinaus sollen sie in der Lage sein, die vier Pronomenklassen weitgehend klassifizieren zu können und ihre Funktion im Satz erkennen. Das Erreichen des Lernziels soll ständig präsent bleiben und jede einzelne Station begleiten.

Neben den inhaltlichen gibt es die sozial-affektiven Lernziele. Die Schüler sollen sich gegenseitig zuhören und miteinander kooperieren. Soziale Schlüsselkompetenzen sind vor allem bei den Gruppenarbeitsphasen wichtig. Drei Schlüsselqualifikationen sind dabei von besonderer Bedeutung. Dazu zählen die Selbstbestimmungsfähigkeit, die Solidaritätsfähigkeit und die Mitbestimmungsfähigkeit.

- **Selbstbestimmungsfähigkeit:** Das heißt der Schüler bringt sich in die Gruppenarbeit mit ein, äußert klar und deutlich seine Ideen oder Meinungen.
- **Solidaritätsfähigkeit:** Der Schüler integriert Mitschüler in das Geschehen. Er setzt sich aktiv und vehement für andere beziehungsweise das Gruppenklima ein (ermutigt und hilft Mitschülern).
- **Mitbestimmungsfähigkeit:** Der Schüler beteiligt sich in besonderem Maße an Entscheidungsprozessen und lässt andere ausreden beziehungsweise hört anderen aktiv zu (Bsp.: erklärt Meinungen oder Ideen sehr verständlich).[52]

Gerade in der Gruppenphase kann der Lehrer sich einen guten Überblick über diese Lernziele verschaffen. Neben den inhaltlichen Zielen, sind also auch die sozial-affektiven Ziele ständig präsent.

Die Unterrichtseinheiten teilen sich in zwei Groblernziele auf. In der ersten Phase sollen die Schüler einen Überblick gewinnen. Dieser Teil kann zum Beispiel mit einer Videosequenz eingeführt werden oder auch teilweise frontal. Wenn die Schüler grob wissen, was Pronomen sind und wie sie klassifiziert werden, können sie in der Gruppenarbeitsphase selbständig und autodidaktisch arbeiten. Jede Station fordert die Schüler unterschiedlich, dadurch ergeben sich Feinlernziele, die im Folgenden aufgelistet sind:

Bärenstation

Diese Station dient als Einstiegsstation. Ziel ist es den Schülern einen leichten Einstieg zu gewährleisten, indem sie in einem Kontext die Personalpronomen ergänzen müssen. Durch die eher leicht zu lösende Aufgabe haben die Schüler ein Erfolgserlebnis und sind gewollt sich an schwierigere Aufgaben zu wagen.

---

[52] (vgl. Klafki, Wolfgang: Schlüsselqualifikationen/Allgemeinbildung – Konsequenzen für Schulstrukturen. 1998. S. 170 ff.)

Hier wird schnell klar, ob die Klasse das „Grundprinzip" der Pronomen verstanden hat oder nicht.

→ Die Schüler sollen lernen Pronomen anstatt Nomen zu verwenden

Tigerstation

Die Tigerstation ist etwas schwieriger als die Bärenstation. Sie dient zur Festigung der Possessivpronomen. Im Gegensatz zur Bärenstation, haben die Schüler hier kein kursiv geschriebenes Nomen vorgegeben, das sie ersetzen müssen, sondern sollen allein aus dem Kontext das richtige Pronomen erschließen.

→ Einbetten von Pronomen in einen Kontext

Zebrastation

Diese Station fordert erstmals die Erschließung von zwei verschiedenen Pronomen. Die Schüler müssen in einem Satz sowohl Personalpronomen als auch Possessivpronomen einsetzen.

→ Differenzierung von Personal -und Possessivpronomen

Schlangenstation

In der Schlangenstation wird das Relativpronomen erfragt. Da die Schüler sich mit der Erschließung des Relativpronomens oft schwerer tun, als mit der des Personalpronomens, haben sie hier noch zusätzlich vier Antwortmöglichkeiten, die die Übung erleichtern sollen.

→ Erkennen von Relativpronomen

Delphinstation

Die Delphinstation hat einen etwas höheren Schwierigkeitsgrad und sollte erst nach den oben genannten Stationen bearbeitet werden. Gute Gruppen können sich natürlich auch zu Beginn an dieser Station versuchen. Die Schüler müssen hier erkennen, welches Pronomenpaar nicht zusammenpasst. Diese können sich sowohl in den Pronomenklassen als auch in Kasus oder Genus unterscheiden. Die Station erfordert also eine spezifischere Auseinandersetzung mit den einzelnen Pronomen.

→ Unterscheidung von Pronomenklassen sowie interne Differenzierung via Kasus/Genus/Sing. und Plural

Giraffenstation

Diese Station dient dem Erlernen der Demonstrativpronomen. Die Schüler müssen die richtigen Pronomen in den verschiedenen Kasus ergänzen. Anschließend sollen sie noch einzelne Sätze mit Demonstrativpronomen bilden. Das „Merkheft" (siehe Anhang) kann zur Ergebniskontrolle genutzt werden.

→ Zusammenhang zwischen Kasus und Pronomen erlernen

Affenstation

Die Affenstation ist eine „Spielstation". Hier können die Schüler ‚Memory' spielen, allerdings mit Pronomen anstelle von Bildern. Durch Spaß am Spiel sollen die Schüler zum Lernen ermutigt werden. Des Weiteren wird das Erkennen der einzelnen Pronomenklassen geschult.

→ Kooperatives Lernen in der Gruppe, Erkennen von Pronomenklassen

Spinnenstation

Diese Station ist ähnlich wie das Spiel „Trivial pursuit" aufgebaut. Die Schüler rücken auf einem Spielfeld vor und müssen diverse Fragen zu Pronomen beantworten. Es wird ein grundlegendes Verständnis von Pronomen gefordert, um diese Station meistern zu können. Da die Schüler gegeneinander spielen, ist eine Autokorrektur möglich. Das heißt die Schüler kontrollieren und verbessern sich gegenseitig ohne zu schummeln, da jeder gewinnen will.

→ Kooperatives Lernen in der Gruppe, Ergebniskontrolle

Löwenstation

Das ‚Löwentwister' ist wie der Name schon sagt, ein abgewandeltes Twister. Die Schüler müssen am Twisterrad drehen und Pronomen aus allen Klassen bilden mit verschiedenen Kasus. Nicht umsonst nennt sich diese Station „Löwenstation", da sie einen hohen Schwierigkeitsgrad hat.

→ Verschiedene Formen (Kasus) von Pronomen frei bilden

Schildkrötenstation

Diese Station ist neben der Löwenstation die schwierigste beziehungsweise kreativste Station. Hier sollen die Schüler sich eine Geschichte ausdenken, in der sie alle Pronomenklassen verwenden. Sie dient mitunter als Ergebniskontrolle für den Lehrer, ob ein Lernerfolg beziehungsweise „Umdenken" bei den Schülern stattgefunden hat. Es ist sinnvoll, die Klasse eine ähnliche Geschichte vor der Stationsarbeit schreiben zu lassen, um einen Vergleich zu haben.

→ Einführung der Pronomen in den alltäglichen Sprachgebrauch

(Die einzelnen Stationen befinden sich im Anhang)

5.2.2 Einführung der Pronomen – Frontalunterricht

Lehr- und Lernvoraussetzungen

Im Gegensatz zu der unter Punkt 5.2.1 geschilderten Gymnasialklasse, ist die Frontalunterrichtsgruppe eine des Realschulzweiges angehörige Klasse. Auch sie besteht aus insgesamt 22 teilnehmenden Schülern, von denen zwölf männlich und zehn weiblich sind. Sieben von ihnen haben Deutsch als Zweitsprache. Zwei davon sprechen zu Hause sogar überhaupt kein Deutsch mit der Familie.

Die Schüler sind bis auf wenige Ausnahmen recht wissbegierig und verhalten sich während der Stunde verhältnismäßig ruhig. Es herrscht ein positives Klima.

Die Unterrichtseinheit ist auf fünf Schulstunden beschränkt. Die erste Stunde dient, wie bei der Gruppenarbeit, zur allgemeinen Einführung in das Thema ‚Pronomen'. In jeder weiteren Stunde wird ein Pronomen behandelt. Eine sechste Stunde wird nicht benötigt, da die Zeit, die zur Gruppeneinteilung sowie zur Erklärung des Stationsplans gebraucht wird, wegfällt.

(Die Sachanalyse sowie die didaktische Analyse stehen in Kohärenz zu den unter Punkt 5.2.1 beschriebenen Analysen und werden daher hier nicht noch mal aufgeführt)

Methodisches Vorgehen

Das Thema ‚Pronomen' wird hier durch die geschlossene Unterrichtsform eingeführt. Zeitlich sind fünf Unterrichtsstunden vorgesehen. Am Anfang der ersten Stunde erfolgt ein allgemeiner Einstieg. Alle Klassen der Pronomen werden kurz vorgestellt und durch ein Beispiel verdeutlicht. Das Ende der letzten Stunde dient wie auch im Gruppenunterricht zur Reflexion der Unterrichtseinheit.

Eine Schulstunde dient zur Einführung einer Pronomenklasse. So werden in der ersten Stunde die Personalpronomen durchgesprochen. An der Tafel wird ein Beispielsatz mit der gesamten Klasse besprochen. Dies dient zur Veranschaulichung der Pronomen. Offene Fragen sollten an dieser Stelle geklärt werden. Anschließend erfolgt eine gemeinsame Lösung verschiedener Arbeitsblätter (siehe Anhang) via ‚Overheadprojektor'. Der Lehrer gibt gewisse Sätze vor, die Lücken enthalten, in die die Schüler das passende Pronomen einsetzen müssen. Nach korrekter Lösung wird diese von der Lehrkraft noch einmal erklärt, damit auch die Schüler einen Lernerfolg haben, die nicht selbstständig die richtige Antwort erraten hätten.

Die zweite Schulstunde dient zur Erlernung der Possessivpronomen. Auch hier wird zuerst gemeinsam mit der Klasse an der Tafel mit Beispielsätzen gearbeitet. Anschließend erfolgt wieder eine Bearbeitung der Arbeitsblätter mit Hilfe des ‚Overheadprojektors'. Am Ende der Stunde werden die Personal- und Possessivpronomen gegenübergestellt, um den Schülern den Unterschied beziehungsweise den differenzierten Gebrauch der zwei Pronomenklassen zu verdeutlichen.

In den letzten beiden Schulstunden werden die Relativ- und Demonstrativpronomen besprochen. Da diese Pronomen etwas komplexer und schwieriger in der Anwendung sind, beschränkt sich die Einführung größtenteils auf die Nominativformen, um die Schüler nicht zu überfordern. Auch muss der Unterschied zwischen Haupt- und Nebensatz angerissen werden, damit ein Verständnis für die Relativpronomen entsteht. Erst nach der etwas längeren Erklärungsphase werden wieder die bereits erwähnten Arbeitsblätter durchgearbeitet. Die Unterrichtsform ist also strikt deduktiv, um einen deutlichen Abstand zu der Gruppenarbeit zu gewinnen. Offene Unterrichtsansätze sind daher nicht gegeben. Dies ermöglicht einen guten Vergleich der beiden Unterrichtseinheiten.

Am Ende der letzten Stunde erfolgt eine abschließende Reflexion des Unterrichts. Die vier Pronomenklassen werden allesamt noch einmal gegenüber gestellt, damit die Schüler einen genauen Überblick haben. Zu jeder Pronomenklasse wird ein Merksatz notiert, den die Schüler in ihr Merkheft übernehmen. Dies dient der Ergebnissicherung und sie können nachhaltig darauf zurückgreifen.

Lernziele

In dieser Unterrichtseinheit stehen nur die inhaltlichen Lernziele im Vordergrund. Primär sollen die Schüler wissen, welche vier Pronomenklassen es gibt, diese auch erkennen und anwenden können. Gesonderten Wert wird dabei auf die Personal- und Possessivpronomen gelegt, da diese Pronomen am häufigsten im alltäglichen Sprachgebrauch der Kinder vertreten sind. Die Schüler sollen nach dieser Unterrichtseinheit bewusster die Fürwörter anstelle der Nomen verwenden, um Wortwiederholungen zu vermeiden. Es soll also der sprachliche Ausdruck geschult und verbessert werden.

Auf die sozial-affektiven Lernziele wird nur sekundär Wert gelegt. Es soll ein allgemein positives Arbeitsklima herrschen. Allerdings wird dieses Verhalten überwiegend vom Lehrer gesteuert und geht nicht wie beim Gruppenunterricht von den Schülern aus. Eigenständiges kooperatives Verhalten ist daher nur bedingt möglich und wird in dieser frontalen Unterrichtseinheit nicht vorrangig geschult.

6. Ergebnisse

Im Ergebnisteil wird die Auswertung der Studie präsentiert. Die Fragebögen und der Wissenstest wurden evaluiert und miteinander verglichen. Zur Überprüfung der Hypothesen wurden die Differenzen von Vor- und Nachtest ermittelt. Um die Signifikanz der Werte zu prüfen, wurde anschließend noch ein ‚t-Test' durchgeführt. „Mit dem t-Test für Mittelwertdifferenzen werden die Unterschiede der Mittelwerte zweier Gruppen auf Signifikanz geprüft (…). Der übliche t-Test dient dem Vergleich zweier unabhängiger Stichproben"[53].

6.1 Deskriptive Statistiken

Tab. 2 Lernmotivation

Skala	Unterrichtsgruppe	N	Mittelwert	Standardabweichung
Interesse Nachtest-Vortest	"lehrerzentrierter Unterricht"	22	,1136	,87194
	"alternative Lehrmethoden"	22	1,2727	1,27920
Lernbereitschaft Nachtest-Vortest	"lehrerzentrierter Unterricht"	22	,0909	,80463
	"alternative Lehrmethoden"	22	-,1364	,84615
LUdruck Nachtest-Vortest	"lehrerzentrierter Unterricht"	22	-,3636	1,23618
	"alternative Lehrmethoden"	22	,0455	1,06803
Motivation Nachtest-Vortest	"lehrerzentrierter Unterricht"	22	-,1136	,67580
	"alternative Lehrmethoden"	22	,7841	1,81478
Schülerbeteiligung Nachtest-Vortest	"lehrerzentrierter Unterricht"	22	-,5606	,50799
	"alternative Lehrmethoden"	22	1,1061	,58542
Selbstwirksamkeit Nachtest-Vortest	"lehrerzentrierter Unterricht"	22	,1818	,60838
	"alternative Lehrmethoden"	22	,0909	,92113
Zufriedenheit Unterricht Nachtest-Vortest	"lehrerzentrierter Unterricht"	22	,2273	,68534
	"alternative Lehrmethoden"	22	,4545	,80043

---

[53] (Janssen/Laatz. Statistische Datenanalyse mit SPSS für Windows. 2007. S.347)

Tab. 3 Lernzuwachs

Skala	Unterrichtsgruppe	N	Mittelwert	Standard-abweichung
Differernz Punktzahl Wissenstest gesamt (Nachtest-Vortest)	"lehrerzentrierter Unterricht"	22	8,0682	5,91466
	"alternative Lehrmethoden"	22	10,8864	5,43343

Tab. 4 Kooperatives Lernen

Skala	Unterrichtsgruppe	N	Mittelwert	Standard-abweichung
Aggression/Diskriminierung Nachtest-Vortest	"lehrerzentrierter Unterricht"	22	-,1364	,83987
	"alternative Lehrmethoden"	22	-,0606	,68727
Gemeinschaft Nachtest-Vortest	"lehrerzentrierter Unterricht"	22	,0000	,55635
	"alternative Lehrmethoden"	22	-,0682	,73266
Mitbestimmung Nachtest-Vortest	"lehrerzentrierter Unterricht"	22	-,4773	1,34055
	"alternative Lehrmethoden"	22	,4545	,82965
Rivalität Nachtest-Vortest	"lehrerzentrierter Unterricht"	22	-,1364	,90214
	"alternative Lehrmethoden"	22	-,0909	,61016
Rivalität_Konkurrenz Nachtest-Vortest	"lehrerzentrierter Unterricht"	22	-,1212	,76667
	"alternative Lehrmethoden"	22	-,1061	,62899
Selbstkonzept Nachtest-Vortest	"lehrerzentrierter Unterricht"	22	,0152	,75226
	"alternative Lehrmethoden"	22	,5000	,74001
Solidarität Nachtest-Vortest	"lehrerzentrierter Unterricht"	22	-,0909	,60143
	"alternative Lehrmethoden"	22	-,1364	,66396
Zufriedenheit Mitschüler Nachtest-Vortest	"lehrerzentrierter Unterricht"	22	-,2159	,56850
	"alternative Lehrmethoden"	22	,3864	,79705

6.2 T-Test

Der ‚t-Test' dient zur Überprüfung der Mittelwertunterscheidung. Im Folgenden werden die Tabellen zu den einzelnen Hypothesen aufgelistet und anschließend beschrieben.

Tab. 5 Lernmotivation

Skala	df	T	Sig. (2-seitig)	d
Interesse Nachtest-Vortest	37,049	-3,512	,001	-1,059
Lernbereitschaft Nachtest-Vortest	42	,913	,366	,275
LUdruck Nachtest-Vortest	42	-1,175	,247	-,354
Motivation Nachtest-Vortest	42	-2,174	,035	-,656
Schülerbeteiligung Nachtest-Vortest	42	-10,086	,000	-3,041
Selbstwirksamkeit Nachtest-Vortest	42	,386	,701	,116
Zufriedenheit Unterricht Nachtest-Vortest	42	-1,012	,318	-,305

Tab. 6 Lernzuwachs

Skala	df	T	Sig. (2-seitig)	d
Differernz Punktzahl Wissenstest gesamt (Nachtest-Vortest)	42	-1,646	,107	-,497

Tab. 7 Kooperatives Lernen

Skala	df	T	Sig. (2-seitig)	d
Aggression_Diskriminierung Nachtest-Vortest	42	-,327	,745	-,098
Gemeinschaft Nachtest-Vortest	42	,348	,730	-,105
Mitbestimmung Nachtest-Vortest	42	-2,772	,008	-,836
Rivalität Nachtest-Vortest	42	-,196	,846	-,059
Rivalität_Konkurrenz Nachtest-Vortest	42	-,072	,943	-,022
Selbstkonzept Nachtest-Vortest	42	-2,155	,037	-,650
Solidarität Nachtest-Vortest	42	,238	,813	,072
Zufriedenheit Mitschüler Nachtest-Vortest	42	-2,885	,006	-,870

Die Auswertungstabelle besteht aus insgesamt fünf Spalten. In der ersten Spalte sind die einzelnen Skalen, die die einzelnen Hypothesen charakterisieren, genannt, bestehend aus drei bis vier Items. Der T-Wert in der dritten Spalte zeigt die Prüfgrößen des t-Testes mit den Freiheitsgraden (df) in der vorherigen Spalte an. Er gibt Aufschluss über die Gruppenmittelwerte. Sind die beiden Mittelwerte einer Stichprobe gleich groß, hat ‚T' den Wert null. Das heißt, je größer der T-Wert ist, desto mehr unterscheiden sich die beiden Mittelwerte der jeweiligen Gruppe. Es ist daher wahrscheinlich, dass ein hoher T-Wert auch eine hohe Signifikanz hervorruft. Die Signifikanz ist in der vierten Spalte aufgelistet. „Die Signifikanz von Informationen bedeutet, dass Ergebnisse sich nicht nur auf Grund von Zufallsmechanismen einstellen, sondern auf überzufällige Zusammenhänge zurückzuführen sind"[54]. Weisen die Daten einen Wert von unter .05 auf, gelten sie als signifikant. Ist der Wert kleiner als .03 gilt er als sehr signifikant und ein Wert unter .01 wird als hoch signifikant tituliert.

Schließlich wird noch die Effektstärke ‚d' berechnet. Sie gibt an, um wie viele Standardabweichungen sich die beiden Mittelwerte unterscheiden. Weiterhin

---
[54] (Pepels: Marketing. 2004. S. 297)

konstatieren Wirtz & Nachtigall: „Je größer die Mittelwertdifferenz ist und je homogener die Werte in den beiden Vergleichsgruppen jeweils verteilt sind, desto größer ist die Effektstärke"[55]. Nach der Klassifikation von Cohen (1988) kann man die Effektstärke folgendermaßen gliedern:

/d/ = 0.2: Es liegt ein schwacher Effekt vor.

/d/ = 0.5: Es liegt ein mittlerer Effekt vor.

/d/ = 0.8: Es liegt ein starker Effekt vor. [56]

Bei einer hohen Signifikanz ist demnach auch ein starker Effekt zu erwarten. Ist der Effekt jedoch bei einer hohen Signifikanz gering, bedeutet das, dass die erhöhte Signifikanz keine praktische Relevanz hat beziehungsweise nicht aussagekräftig genug ist. Ein solches Phänomen findet man oft bei großen Stichproben, bei denen eine signifikante Veränderung nicht unbedingt auch eine inhaltliche Bedeutung für die Studie haben muss. Ist die Stichprobe sehr klein, muss man allerdings auch besonderen Wert auf die Effektstärke legen. Es kann nämlich vorkommen, dass kein signifikantes Ergebnis aufgrund der zu kleinen Stichprobe entsteht. Ist die Effektgröße allerdings mittel bis hoch, ist mit einer steigenden Signifikanz bei einer größeren Stichprobe zu rechnen, da schon die geringen Unterschiede praktisch relevant sind. Beim Lernzuwachs zum Beispiel wurde eine Signifikanz von .107 errechnet. Eigentlich ist dieses Ergebnis nicht signifikant. Betrachtet man nun aber die Effektstärke, die bei -.497 liegt und somit einen mittleren Effekt aufweist, kann man vermuten, dass bei einer größeren Stichprobe auch die Signifikanz ansteigen würde; respektive bedeutet es, dass die evaluierten Werte durchaus eine Wichtigkeit im Bezug auf die zu überprüfende Hypothese ‚Lernzuwachs' haben.

Die Schüler des Frontalunterrichts haben durchschnittlich 8,068 Punkte mehr im Nachtest (im Vergleich zum Vortest) erreicht. Die Schüler des Gruppenunterrichts haben hingegen 10,886 Punkte mehr erlangt. Im Durchschnitt hat also jeder Schüler der alternativen Lerngruppe ca. drei Punkte mehr erzielt als die Schüler der frontalen Lerngruppe.

---

[55] (Wirtz, M.; Nachtigall, C.: Deskriptive Statistik. 1998. S. 92)
[56] (vgl. Wirtz, M.; Nachtigall, C.: Deskriptive Statistik. 1998. S. 92)

Die Hypothese des Lernzuwachses ist somit weder belegt, noch muss sie verworfen werden. Hier bedarf es weiterer Forschung, da die Hypothese zumindest tendenziell belegt werden konnte.

Die Evaluation der Lernmotivationsdaten hat ergeben, dass bei den Skalen: Interesse, Schülerbeteiligung und Motivation, im Gegensatz zum lehrerzentrierten Unterricht, ein deutlich höherer Mittelwert (Nachtest minus Vortest) bei der alternativen Lehrmethode erreicht wurde. Der anschließende ‚t-Test' bestätigt die Relevanz dieser Daten. Mit der Interessenskala wird das eigentliche Interesse der Schüler am Unterricht gemessen. Sie können sowohl im Vortest wie auch im Nachtest auf einer Bewertungstabelle von 1-5 angeben, wie interessant sie die Unterrichtsgestaltung finden. Die Skala der Schülerbeteiligung misst, wie häufig die Schüler in den Unterricht mit eingebunden werden. Ein Beispielitem hierzu wäre: „Der Unterricht ist so gestaltet, dass die Schüler selbstständig denken und arbeiten können" (siehe Skalendokumentation). Die Items, die die Motivationsskala bestimmen, wurden selbstständig entwickelt. Sie geben Aufschluss darüber, wie gern sich der Schüler am Unterricht beteiligt.

Die Schülerbeteiligung, mit einem Wert von /sig./ = .000, und das Interesse, mit einem Wert von /sig./ = .001, sind hoch signifikant. Das bedeutet, dass sowohl das Interesse als auch die Unterrichtsbeteiligung der Schüler beim Gruppenunterricht stark gestiegen ist. Beim Frontalunterricht hingegen bleibt das Interesse weitestgehend gleich (Mittelwert = .1136 (/s/ = .872)). Die Schülerbeteiligung fällt sogar mit einem Mittelwert von -.5606 (/s/ = .508) leicht ab. Sie ist also beim Nachtest niedriger als beim Vortest beziehungsweise im normalen Unterricht höher als im reinen Frontalunterricht. Der ‚normale' Unterricht besteht überwiegend aus frontalem Unterricht mit partiellen Gruppenarbeiten oder Partnerarbeiten, sowohl in der Klasse von Gruppe 1 als auch in der Klasse von Gruppe 2. Beide Skalen weisen eine Effektstärke von /d/ > 0.80 auf, sprich sie haben einen großen Effekt, was wiederum heißt, dass eine inhaltliche Relevanz der Daten gegeben ist. Wie bereits erwähnt besteht bei der Skala ‚Schülerbeteiligung' jedoch keine Reliabilität. Eine mögliche Erklärung dieser Diskrepanz wird im Diskussionsteil bearbeitet.

Die Motivationsskala ist mit einem Wert von /sig./ = .035 auch noch signifikant. Sie ist bei den alternativen Lehrmethoden auf einen Mittelwert von .7841 (/s/ =

1.815) gestiegen. Die Schüler waren also durchschnittlich motivierter als im Unterricht zuvor, wo hingegen die Schüler im lehrerzentrierten Unterricht etwas weniger motiviert waren als im ‚normalen' Unterrichtsverlauf. Die Effektstärke /d/ = -.656 zeigt einen mittleren Effekt, was für die praktische Relevanz dieser Daten spricht.

Alle anderen Skalen zur Lernmotivation zeigen keine Signifikanz. Die Mittelwerte sind nur knapp unter oder über Null. Auch die Effektstärke ist sehr niedrig und ohne größere Bedeutung. Die Gründe für diese Ergebnisse werden im Diskussionsteil analysiert.

Da drei Skalen für eine höhere Lernmotivation im Gruppenunterricht an Stationen sprechen und keine wirklich dagegen spricht, kann man die Haupthypothese durchaus als belegt ansehen.

Die Auswertung der Skalen zum kooperativen Lernen zeigen ebenfalls deutliche Ergebnisse im Hinblick auf die Mitbestimmung, das Selbstkonzept und die Zufriedenheit der Mitschüler. Das Selbstkonzept gibt Angaben darüber, wie gut sich die Schüler selbst im Deutschunterricht einschätzen. Die Items der Mitbestimmungsskala erforschen wie sehr sich die Schüler, vor allem in Gruppenarbeiten, mit einbringen. Ein Beispielitem hierzu wäre: „Ich bringe oft eigene Ideen in eine Gruppenarbeit mit ein". Die Skala ‚Zufriedenheit der Mitschüler' befasst sich mit dem Verhalten der Schüler untereinander respektive wie zufrieden die Schüler mit ihren Mitschüler sind, sprich ob ein gutes kooperatives Verhalten untereinander gegeben ist.

Die Skala ‚Selbstkonzept' gleicht der Motivationsskala. Die Signifikanz beträgt hier /sig./ = .037 und die Effektstärke /d/ = .650. Eine positive Veränderung des Selbstkonzepts findet sich nur im Nachtest des alternativen Unterrichts. Der Mittelwert liegt in diesem Fall bei .5000 (/s/ = 4.700). Die Schüler schätzen sich im Gruppenunterricht also besser ein als im üblichen Unterricht oder im Frontalunterricht.

Die Skalen der Mitbestimmung (/sig./ = .008) und die der Zufriedenheit der Mitschüler (/sig./ = .006) sind hoch signifikant und haben auch eine hohe Effektstärke (Beide Skalen über .80). Die Auswertung der Daten ist somit von inhaltlicher Bedeutung. Genau wie bei den bereits beschriebenen Skalen, ergibt die Analyse der Mittelwertdaten, dass eine Verbesserung in der alternativen Lehrmethode eingetreten ist. Bei der Skala ‚Zufriedenheit der Mitschüler' bedeutet das, dass die Schüler sich bei Gruppenarbeiten kooperativer ihren Mitschüler gegenüber verhalten als im Frontalunterricht. Im Gegensatz zum normalen Unterricht sinkt die Kooperation im lehrerzentrierten Unterricht sogar auf einen Mittelwert von -.2159 (/s/ = .569), während sie bei der alternativen Lehrmethode auf einen Mittelwert von .3864 (/s/ = .797) steigt.

Das gleiche Phänomen ist auch bei der Skala ‚Mitbestimmung' zu erkennen. Hier fällt der Mittelwert im lehrerzentrierten Unterricht sogar auf einen Wert von -.4773 (/s/ = 1,341). In den alternativen Lehrmethoden steigt er hingegen auf einen Wert von .4545 (/s/ = .829).

Die anderen Skalen, die das kooperative Verhalten der Schüler erforschen, erzielten kein signifikantes Ergebnis. Das Verhalten in der jeweiligen Unterrichtsreihe hat sich nicht bedeutend im Gegensatz zum vorherigen Unterricht geändert. Bei der Diskussion wird allerdings noch mal auf diese Daten eingegangen.

Auch die dritte Hypothese kann man demnach als belegt ansehen, da viele Skalen für ein besseres kooperatives Verhalten im alternativen Unterricht sprechen.

7. Diskussion

Man kann festhalten, dass die Hypothese des Lernzuwachses durch die oben genannten Ergebnisse nur teilweise gestützt wird, weil kein signifikanter Wert erreicht wurde. Allerdings lässt die Effektstärke vermuten, dass bei einer größeren Stichprobe auch ein signifikanteres Ergebnis zu erwarten wäre. Die durchschnittlich um ca. drei Punkte höhere Gesamtpunktzahl beim Wissenstest ist jedenfalls ein Indiz dafür. Nun muss aber auch berücksichtigt werden, dass das Leistungsniveau der Klassen im Vorfeld unterschiedlich war. Während die Schüler des Gruppenunterrichts auf Gymnasialniveau sind, gehört die Frontalunterrichtsklasse dem Leistungsniveau einer Realschulkasse an. Betrachtet man die Auswertung des Wissenstests im Vorfeld wird deutlich, dass die Gymnasialschüler einen höheren Wert erreicht haben als die Realschulklasse. Häufig haben sie auch schon die Höchstpunktzahl bei der ersten und zweiten Aufgabe erzielt, sodass keine weitere Steigerung im Nachtest mehr möglich war. Dieses Phänomen wird in der Auswertung jedoch nicht berücksichtig. Man könnte daher davon ausgehen, dass die Schüler mit dem Unterrichtskonzept ‚Gruppenarbeit an Stationen' weitaus mehr Punkte im Nachtest erzielen würden, wenn nicht schon im Vortest die volle Punktzahl erreicht wurde. Die Realschulklasse hat hingegen kein so großes Vorwissen und kann demnach auch mehr Punkte im Nachtest erzielen. Dennoch bleibt der durchschnittliche Lernzuwachs unter dem der Gymnasialklasse, was für einen deutlich höheren Lernzuwachs in der alternativen Unterrichtsmethode spricht.

Auf der anderen Seite stellt man bei der Auswertung der Fragebogen fest, dass der größte Punktunterschied nur aus der Aufgabe fünf resultiert. Hier werden die Demonstrativpronomen abverlangt. Beide Klassen mussten während des Unterrichts die Demonstrativpronomen erkennen und selbst ausgedachte Sätze mit ihnen bilden. Im Frontalunterricht gelang dies nur vereinzelt Schülern.

Aufgrund des Zeitmangels konnte auch nicht näher auf Schüler eingegangen werden, die die Aufgabe nicht lösen konnten. Im Gruppenunterricht an Stationen konnte die Gruppe selbst entscheiden wie lange sie sich mit dieser Aufgabe befasst. Die Station mit den Demonstrativpronomen wurde daher auch von fast allen Gruppen gelöst. Daraus ergibt sich die hohe Punktzahl bei Aufgabe fünf im Nachtest.

Auch gilt zu bedenken, dass Schüler einer Gymnasialklasse wahrscheinlich lernfähiger sind als Schüler einer Realschulklasse. Auch aus diesem Grund ist ein exakter Vergleich des Lernzuwachses nicht möglich, sondern kann nur tendenziell beantwortet werden.

Die Skalen ‚Interesse', ‚Schülerbeteiligung' und ‚Motivation', die unter anderem die Lernmotivation realisieren, sprechen für eine höhere Lernmotivation bei der Gruppenarbeit an Stationen als im Frontalunterricht. Dieses Ergebnis deckt sich auch mit dem tendenziell höheren Wissenszuwachs der alternativen Lehrgruppe. Durch ein höheres Interesse am Lerngegenstand steigt gleichzeitig auch die intrinsische Motivation der Schüler, was zu einer Verbesserung der Lernleistung führt. Sie entwickeln ein tieferes Verständnis für den zu erlernenden Stoff als weniger interessierte Schüler. Des Weiteren entwickeln sie elaborierte kognitive Strukturen und lösen, dadurch dass sie sich weniger auf aufgabenspezifische Strategien beschränken, erfolgreicher Transfer- und Verständnisaufgaben. Das Interesse der Schüler verbessert also das Lernen in den meisten Schulfächern[57]. Man kann demzufolge vermuten, dass die Schüler der alternativen Lehrmethode die Einführung der Pronomen besser verstanden haben und sie auch nachhaltig mehr in ihren Sprachgebrauch einbauen als die Schüler der lehrerzentrierten Unterrichtsmethode. Dafür spricht auch die erhöhte Schülerbeteiligung, die aussagt, dass die Schüler sich in Eigeninitiative mit dem Lehr- und Lerngegenstand auseinander setzen. Jedoch zeigt gerade diese Skala eine unzureichende Reliabilität auf, trotz hoher Effektstärke. Um dieses Vorkommen zu erklären, muss man die Items der Skala ‚Schülerbeteiligung' betrachten. Verglichen werden zwei Items:

Item 1: „Der Unterricht ist so gestaltet, dass die Schüler selbstständig denken und arbeiten können."

Item 2: „Im Unterricht gibt es häufig Gruppenarbeit"

Hier fällt auf, dass die Werte im Nachtest recht homogen sind, was die hohe Effektstärke erklärt. Während die Schüler der deduktiven Lehrmethode über-

---

[57] (vgl. Seel, N.: Psychologie des Lernens. 2003. S. 95)

wiegend den Wert 1 (1 = stimmt überhaupt nicht) bei Item 2 angeben, bewerten die Schüler der induktiven Lehrmethode das Item mit einem Wert von 5 (5 = stimme voll und ganz zu). Bei Item 1 hingegen ist bei beiden Gruppen immer ein Wert von 3-5 angekreuzt. Die Schüler des Frontalunterrichts stimmen also diesem Item zu, obwohl es im Prinzip das gleiche erfragt wie Item 2. Dieser Unterschied führt zu der wenig vorhandenen Reliabilität der Skala, die sich durch die Formulierung des ersten Items erklären lässt. Die Schüler kennen anscheinend nicht die genaue Definition des selbstständigen Denkens und Arbeitens, die besagt, dass sie in Eigeninitiative, sprich vom Lehrer unabhängig, arbeiten und denken. Vermutlich assoziieren diese Schüler damit eher eine Einzelarbeit, die selbstständig ausgeführt wird oder sie denken, dass der Aspekt der Selbstständigkeit nicht mit dem der Gruppenarbeit korreliert, da sie ja in diesem Falle nicht für sich selbst sind. Jedoch schult die Gruppenarbeit bei den Schülern „wichtige Schlüsselqualifikationen wie selbstständige inhaltliche Auseinandersetzung mit einem Thema ohne direkte Hilfe des Lehrers"[58].

Andere Skalen wie ‚Lernbereitschaft', ‚Leistungs- und Unterrichtsdruck', ‚Vermittlungsqualität', ‚Zufriedenheit mit dem Unterricht' und ‚Selbstwirksamkeit', zeigen im Gegensatz zu den oben genannten drei Skalen kein signifikantes Ergebnis, obwohl sie auch die Lernmotivation der Schüler realisieren.

Die Skala ‚Vermittlungsqualität' wurde wegen sehr schlechter Reliabilität im Nachtest nicht berücksichtigt. Diese leitet sich vermutlich aus der alternativen Unterrichtsmethode ab, in der die Vermittlungsqualität des Lehrers nur schwer zu bewerten ist, da dieser eher als Berater agiert wie es beim kooperativen Lernen üblich ist. Ein weiterer Grund für die schlechte Zuverlässigkeit der Werte könnte allerdings auch ein Zahlendreher in der Datenbank sein[59], der den anschließenden Reliabilitätstest ungültig macht. Bei genauerer Analyse der Datenmaske ist nämlich eine durchweg positive Beurteilung der Items zur Vermittlungsqualität zu erkennen. Ohne das Item 2, bei dem der Zahlendreher verursacht wurde, bestünde nämlich eine Reliabilität von .560 anstelle des Wertes von .092, der mit allen drei Items erreicht wird. Es bedarf also einer

---

[58] (Drumm, J.: Methodische Elemente des Unterrichts. 2007. S. 32)
[59] Bei Item 2 wurde aus Versehen einmal der Wert 33 anstatt 3 eingetragen

neuen Auswertung der Vermittlungsqualität, um genauere Aussagen treffen zu können.

Die Lernbereitschaft ist mit einem Wert von /sig./ = .366 nicht signifikant. Auch die Effektstärke /d/ = .275 weist nur einen kleinen Effekt auf. Eine minimale Verbesserung im Frontalunterricht und eine leichte Verschlechterung der Lernbereitschaft im alternativen Unterricht sind jedoch zu erkennen. Der Mittelwert ist im ersten Fall .0909 (/s/ = .805) Punkte über Null, während er in der zweiten Gruppe -.1364 (/s/ = .846) Punkte unter Null gefallen ist. Diese Daten sind allerdings sehr ungenau und kaum zuverlässig, da im Nachtest des Fragebogens bei dieser Skala nur ein Reliabilitätswert von .264 erreicht wurde. Die Validität dieser Skala müsste explizit überprüft werden. Womöglich wurden die Items von den Schülern auch falsch interpretiert, da diese Skala nicht mit den anderen, welche auch die Lernmotivation analysieren, übereinstimmt. So soll zum Beispiel auch das Item 3 die Lernbereitschaft überprüfen. Dieses lautet: „Oft wird in den Pausen noch über Dinge geredet, die im Unterricht besprochen wurden" (Quelle: Linzer-Fragebogen). Es ist eine Frage der Inhaltsvalidität, ob dieses Item wirklich die Lernbereitschaft der Schüler misst; denn auch wenn die Schüler nicht in den Pausen über den Unterricht diskutieren, kann eine hohe Lernbereitschaft während des Unterrichts gegeben sein. Aus diesen Gründen ist die Skala der Lernbereitschaft sehr kritisch zu betrachten.

Die Skala des Leistungs- und Unterrichtsdrucks hingegen ist recht zuverlässig, zeigt jedoch mit einem Wert von /sig./ = .247 keine Signifikanz. Mit /d/ = . 354 besteht immerhin ein kleiner bis mittlerer Effekt. Dieser Wert hat somit eine geringe praktische Bedeutsamkeit im Hinblick auf die unterschiedliche Auswertung der Gruppen. Betrachtet man die Auswertung stellt man einen geringeren Leistung- und Unterrichtsdruck im Nachtest der Frontalunterrichtsklasse fest (Mittelwert = -.3636; /s/ = 1.236). Beim Gruppenunterricht bleibt der Wert in etwa gleich (Mittelwert = .0455; /s/ = 1.068). Diese Skala ist eigentlich nicht von großer Wichtigkeit für die Lernmotivation. Man könnte spekulieren, dass ein geringer Leistungsdruck die Motivation der Schüler steigert. In der hier aufgeführten Skala lassen sich der geringere Druck im lehrerzentrierten Unterricht und der gleichbleibende Druck im Gruppenunterricht wie folgt erklären:

Während des Frontalunterrichts bei Gruppe 1 war die Lehrerin nur passiv anwesend oder zum Teil überhaupt nicht. Die Schüler hatten also weniger Angst vor etwaigen Konsequenzen bei schlechter Leistung. Der Leistungs- und Unterrichtsdruck sank demnach, da „der faktisch ausgeübte Leistungsdruck primär aus den Einstellungsstrukturen des Lehrkörpers resultierte"[60].

In Gruppe 2, der Gymnasialklasse, war die Lehrerin immer präsent und auch als Beraterin und ‚Kontrolleurin' tätig. Durch ihre aktive Anwesenheit gab es also keine große Veränderung bezüglich des Leistungs- und Unterrichtsdrucks. Die Gruppenarbeit an sich reichte in diesem Falle nicht aus den Druck zu senken. Allerdings ist es vorstellbar, dass durch einen geringeren Zeitdruck bei den Gruppenarbeiten zumindest der Unterrichtsdruck sinkt. Ein geringerer Druck würde ein besseres selbstbestimmtes Lernen bedeuten, was eine höhere Lernmotivation zur Folge hätte.

Aufgrund der unterschiedlichen Ausgangssituation dient diese Skala nicht zur Überprüfung der Hypothese zur Lernmotivation.

Ähnlich wie die Skala zuvor verhält sich die Skala ‚Zufriedenheit mit dem Unterricht'. Auch hier ist ein kleiner bis mittlerer Effekt zu erkennen (/d/ = -.305), bei einer Signifikanz von /sig./ = .318. Festzuhalten ist, dass die Zufriedenheit mit dem Unterricht in beiden Gruppen gestiegen ist. In Gruppe 1 auf einen Mittelwert von .2273 (/s/ = .685), in Gruppe 2 auf einen Mittelwert von .4545 (/s/ = .800). Eine Reliabilität von .778 im Nachtest bestätig die Zuverlässigkeit dieser Daten. Tendenziell sind die Schüler des Gruppenunterrichts zufriedener mit dem ‚neuen' Unterrichtskonzept als die Schüler des Frontalunterrichts. Eine Steigerung in beiden Gruppen war allerdings zu erwarten, da ein anderes Unterrichtskonzept mit einem unbekannten Lehrer die Schüler zusätzlich motiviert am Unterricht teilzunehmen, was sich wiederum auf die allgemeine Zufriedenheit mit dem Unterricht positiv auswirkt. In beiden Klassen war die Unterrichtsbeteiligung sehr hoch, wodurch diese These gestützt wird.

Schließlich gilt es noch die Skala der Selbstwirksamkeit zu kontrollieren, welche die Hypothese der Lernmotivation verifizieren soll. Sie untersucht die eigenen Erwartungen der Schüler und steht somit in Verbindung mit dem selbstgesteu-

---

[60] (Fend, H.: Qualität im Bildungswesen. 1998. S. 74)

erten Lernen. „Höhere Selbstwirksamkeit führt zu größerer Anstrengungsbereitschaft und Ausdauer bei Rückschlägen"[61]. Der eigene Anspruch steigt dadurch, was sich wiederum positiv auf die intrinsische Motivation auswirken kann.

In Anlehnung an Jerusalem und Satow (1999) wurden drei ähnliche Items generiert, die diesen Anspruch messen sollen. Eins davon lautet: „Ich kann auch schwierige Aufgaben im Deutschunterricht lösen, wenn ich mich anstrenge". Nun stellt sich die Frage, ob dieses Item wirklich das misst, was es zu messen vorgibt; ergo stimmen Schüler mit einer hohen Selbstwirksamkeit diesem Item auch voll und ganz zu? Die Auswertung der Daten lässt eher vermuten, dass dies nicht der Fall ist. Überwiegend gaben die Schüler einen Wert von 3 – 4 an. Das kann ein Indiz dafür sein, dass sie nicht wirklich wussten was sie auf die Frage antworten sollen. Es ist auch zweifelhaft, dass sich solche Items in fünf Deutschstunden bedeutend ändern. Das bestätigt auch der t-Test. Die Skala ‚Selbstwirksamkeit' weist keine signifikanten Ergebnisse auf (/sig./ = .701). Auch besteht keine größere Differenz zwischen Vor- und Nachtest. Es ist lediglich eine leichte Steigerung in beiden Gruppen zu erkennen. Im Rahmen dieser Studie ist daher kein Unterschied im Bezug auf die Selbstwirksamkeit zwischen Frontalunterricht und alternativen Lehrmethoden zu erkennen.

Nun folgt die Überprüfung der dritten Hypothese. Hier wird behauptet, dass die Schüler im Gruppenunterricht besser beziehungsweise sozialer miteinander agieren und dadurch eine Adaption der sozial korrekten Verhaltensweisen erfolgt. Diese Hypothese wird, wie im Ergebnisteil schon festgehalten, durch drei Skalen belegt: Mitbestimmung, Selbstkonzept und Zufriedenheit mit den Mitschüler.

Die Mittelwerte zur Mitbestimmungs-Skala sind bei der Gruppenarbeit gestiegen und im Frontalunterricht gefallen. Dieses Ergebnis war zu erwarten, da es im Frontalunterricht keine Gruppenarbeitsphase gab. Demnach konnten die Schüler dem Item 1: „Bei Gruppenarbeit diskutiere ich gut mit" nicht zustimmen, was zur Senkung des Mittelwertes führt. Die gute Reliabilität der Skala zeigt, dass die Schüler auch die anderen Items zur Mitbestimmung ähnlich bewerten. So ist es interessant zu sehen, dass auch Item 3 durch die Gruppe 2 hoch

---

[61] (Woolfolk, A.: Pädagogische Psychologie. 2008. S. 407)

bewertet wird, welches lautet: „Ich versuche andere Schüler dazu ermutigen auch ihre Meinung zu sagen". Die Schüler haben also den Sinn des kooperativen Lernens umgesetzt, indem sie nicht nur auf sich selbst geachtet haben, sondern auch ihre Mitschüler zur Diskussion animiert haben. Dieser Eindruck entstand auch während des Unterrichts. Allerdings muss andererseits auch bedacht werden, dass diese Einschätzung nur durch die subjektive Wahrnehmung der Schüler suggeriert wird. Ob die Schüler auch tatsächlich andere Schüler ermutigten, kann mit den subjektiv konzipierten Items zur Mitbestimmung nicht exakt geprüft werden. Vor allem bei dieser Skala kann das Phänomen auftreten, welches in der Sozialpsychologie als ‚soziale Erwünschtheit' tituliert wird. Hierbei wird vermutet, „dass der Befragte die Preisgabe unerwünschter Verhaltensweisen vermeiden oder erwünschte Verhaltensweisen vortäuschen will"[62], trotz der Anonymität.

Die Skala des Selbstkonzepts zeigt einen signifikanten Anstieg bei den Schülern der alternativen Unterrichtsgruppe, während das Selbstkonzept der Frontalunterrichtsgruppe im Gegensatz zu vorher in etwa gleich bleibt. Das Selbstkonzept eruiert die eigene Einschätzung der Schüler im Hinblick auf ihre schulischen Leistungen. Nun stellt sich jedoch die Frage, inwiefern diese Abwägung der eigenen Leistungsfähigkeit relevant für die Motivation und den schulischen Erfolg der Schüler ist. Hierzu konstatiert Langfeldt, „dass das Selbstkonzept schulischer Fähigkeiten als ‚die Gesamtheit der Gedanken über die eigenen Fähigkeiten in schulischen Leistungssituationen' (Schöne et al., 2003, S. 4) und schulischer Erfolg miteinander in Beziehung stehen"[63].

Wie in der Studie bewiesen wurde, hat der Gruppenunterricht an Stationen einen fördernden Einfluss auf das Selbstkonzept. Dies führt zu einer größeren Selbsteinschätzung oder auch höheren Motivation der Schüler, was sich, nach Langfeldt, wiederum positiv auf den schulischen Erfolg auswirkt.

Die Skala ‚Zufriedenheit Mitschüler' ist sehr ausschlaggebend zur Überprüfung der Hypothese, da sie objektivere Daten liefert als die beiden Skalen zuvor. Die Schüler müssen hier nämlich nicht sich selbst bewerten, sondern das kooperative Verhalten ihrer Mitschüler. Ein Beispielitem hierzu ist: „In der Klasse arbei-

---

[62] (Scholl, A.: Die Befragung. 2009. S. 219)
[63] (Langfeldt, H.-P.: Psychologie für die Schule. 2006. S. 54)

ten die Schüler gerne zusammen". Die Datenanalyse sagt aus, dass die Schüler der Gruppe 2 die kooperative Zusammenarbeit der Klasse im Durchschnitt höher einschätzen als die Frontalunterrichtsgruppe. Dieses Ergebnis ist nicht verwunderlich, da es im lehrerzentrierten Unterricht kaum Gelegenheiten zum kooperativen Zusammenarbeiten gab. Weiterhin ergibt die Evaluation der Daten aber auch, dass die Schüler der Gruppe 2 mehr Vertrauen in ihre Mitschüler haben und auch insgesamt die Zufriedenheit mit den Mitschülern gestiegen ist. Die Gruppenarbeit schafft also eine Vertrauensbasis und gibt's der Möglichkeit zur Annäherung an die Mitschüler. Gegenseitiger Respekt wird erworben und es wird eher zusammen anstatt gegeneinander gearbeitet. Dies wirkt sich fördernd auf das positive Klima der Klasse aus und es findet ein kooperativer Lernprozess statt.

Die restlichen Skalen, die das kooperative Lernen realisieren, erreichen kein signifikantes Ergebnis. Hierzu gehören die Skalen: Aggression/Diskriminierung, Gemeinschaft, Rivalität/Konkurrenz und Solidarität. Im Folgenden werden diese Skalen genauer begutachtet und die Gründe für die fehlende Signifikanz werden erörtert.

Die Skala Aggression und Diskriminierung erforscht das Klassenklima. Die Klasse soll bewerten, ob einige Schüler sich auch über andere lustig machen oder diese diskriminieren. Mit einem Signifikanz-Wert von /sig./ = .745 und einer Effektstärke von /d/ = -.098 kann man eine Unterscheidung in den zwei Unterrichtsmethoden ausschließen. In beiden Gruppen ist die Aggression und Diskriminierung um ein Minimum im Nachtest gefallen. Der Mittelwert (Nachtest minus Vortest) liegt zum Beispiel in der alternativen Gruppe bei -.0606 (/s/ = .687). Im Allgemeinen, betrachtet man sich die Datenmaske, wurde die Aggression oder auch Diskriminierung in beiden Klassen von den Schülern als eher gering eingestuft. Die Zuverlässigkeit dieser Daten bestätigt der Reliabilitätstest, in dem ein Wert von .626 im Nachtest erreicht wurde, was für eine gute Reliabilität spricht. Im Vortest hingegen wurde nur ein Wert von .235 erreicht. Das heißt die Schüler haben hier eher unterschiedlich auf inhaltlich gleiche Items geantwortet. Dies hat zur Folge, dass ein guter Vergleich zwischen Vor- und Nachtest kaum möglich ist. Deshalb ist die Skala Aggression/Diskriminierung zur Auswertung der Studie irrelevant.

Bei der Gemeinschafts-Skala wäre, nach den signifikanten Ergebnissen der Skala ‚Zufriedenheit Mitschüler', auch ein Ergebnis zu Gunsten des Gruppenunterrichts an Stationen zu erwarten, da die Items der beiden Skalen sich ähneln. Dies ist allerdings nicht der Fall, weil kein relevanter Unterschied zwischen Vor- und Nachtest zu erkennen ist. Das wird unter anderem von der Signifikanz und Effektstärke untermauert, die bei Werten von /sig./ = .730 und /d/ = -.105 liegen. Es ist auffällig, dass die Gemeinschaft in beiden Klassen, als hoch (Werte zwischen 3 und 5) eingestuft wird. Diese Bewertung ist auch in der Skala ‚Zufriedenheit Mitschüler' zu beobachten. Jedoch ändert sich hier die Einschätzung im Nachtest drastisch (siehe Ergebnisse zu Skala ‚Zufriedenheit Mitschüler'), während sie bei der Gemeinschafts-Skala gleich bleibt. Das könnte vielleicht daran liegen, dass Items wie: „Bei uns helfen die Schüler einander gerne" allgemein betrachtet wurden. Das heißt die Schüler bezogen ihre Beurteilung womöglich nicht auf die spezielle Unterrichtssequenz, sondern bewerteten nach ihrem allgemeinen Eindruck, den sie über das ganze Schuljahr hinweg erlangt haben. Für diese Theorie sprechen zumindest die Mittelwerte. Dieser hat im lehrerzentrierten Unterricht sogar einen Wert von .000 (/s/ = .556), was eine fast exakte Übereinstimmung von Vor- und Nachtest bedeutet.

Die Skala ‚Rivalität' wird mit der Skala ‚Konkurrenz' zusammengelegt. Erstens ähneln sich die beiden Begriffe inhaltlich, so dass auch die dazugehörigen Items sich gleichen. Zweitens können dadurch zwei Items gestrichen werden, die eine zuverlässige Datenerhebung verhindern würden. Nur so kann eine gute Reliabilität von einem Wert über .600 erreicht werden. Trotzdem werden in den vorher gezeigten Tabellen zwei Skalen beschrieben (Rivalität und Rivalität/Konkurrenz), um einen etwaigen Vergleich mit der Datenmaske zu vereinfachen. Die Daten im Bezug auf die beiden Skalen unterscheiden sich allerdings kaum. Des Weiteren wird bei der Rivalität/Konkurrenz-Skala die niedrigste Signifikanz erhoben (/sig./ = .943). Es gibt also keine festzustellende Unterscheidung zwischen Gruppenunterricht und Frontalunterricht im Bezug auf das Konkurrenzverhalten der Schüler. Da in beiden Klassen ein positives Klima herrscht, ist die Rivalität zwischen den Schülern allgemein gering, wie auch die Skalenbewertungen zu ‚Gemeinschaft' und ‚Zufriedenheit Mitschüler' zeigen. Im Nachtest ist bei den zwei Gruppen ein minimaler Rückgang des Rivalitäts- und

Konkurrenzverhalten zu beobachten. Diese Angaben sind womöglich auf die neue Lehr- und Lernsituation der Schüler zurückzuführen. Da es kein ‚normaler' Unterricht ist, der sich auf die Noten der Schüler auswirkt, versuchen sie auch nicht besser zu sein als andere Schüler (vergleiche Item 2 ‚Rivalität'). Das mindert die Rivalität beziehungsweise das Konkurrenzverhalten untereinander.

Die Solidaritäts-Skala weist ähnliche Ergebnisse wie die Rivalitäts-Skala auf, das heißt es gibt keinen signifikanten Unterschied der beiden Lehr- und Lernkonzepte in Bezug auf die Solidarität der Schüler. Gerade bei dieser Skala wäre allerdings eine Steigerung der Solidaritätsfähigkeit im Gruppenunterricht an Stationen nach den bisherigen Ergebnissen denkbar gewesen. Items wie: „Ich versuche auch zu Mitschülern, die ich nicht so gerne mag freundlich zu sein" verdeutlichen den kooperativen Aspekt der Skala. Jedoch gibt es kaum eine oder nur eine geringfügige Änderung im Nachtest beider Gruppen. Der Mittelwert der alternativen Lehrmethode liegt zum Beispiel bei einem Wert von -.1364 (/s/ = .664). Da ein kooperativer Lernprozess bei Gruppenarbeiten stattfindet, wäre hier ein zumindest positiver Wert zu erwarten gewesen. Daher stellt sich die Frage, warum das bei dieser Skala nicht der Fall ist und warum kein signifikanter Unterschied zum Frontalunterricht zu erkennen ist. Dass in Gruppe 1 keine größeren Differenzen zwischen Vor- und Nachtest zu erkennen sind, lieg wohl daran, dass die Schüler in dem streng deduktiven Unterrichtskonzept keine Möglichkeiten hatten sich solidarisch zu verhalten, da kaum eine Interaktion mit den Mitschülern zustande kam. Demnach wurden die Items im Nachtest ähnlich wie die Items im Vortest bewertet. Im alternativen Unterricht könnten zwei Gründe ausschlaggebend für den leicht negativen Mittelwert sein. Einerseits könnten sich alle Gruppenmitglieder gut verstanden haben, was zur Folge hat, dass auch hier keine Situation auftritt, in der die drei Items zur Solidarität anders zu bewerten wären als zuvor. Andererseits könnte der einwöchige Unterricht eine zu kurze Zeitspanne sein, um die Schüler für diese Eigenschaft zu sensibilisieren. Es bedarf womöglich einen viel längeren Zeitraum mit immer wiederkehrenden Gruppenarbeiten damit sich ein nachhaltiger Lernerfolg im Bereich der Solidarität einstellt.

8. Fazit

Ergebnisse

Die Evaluation der Studie zeigt einen ausgeprägten Zusammenhang zwischen Gruppenarbeit an Stationen und der Lernmotivation. So wurde der fundierte Beweis erbracht, dass sich die Gruppenarbeit an Stationen stets deutlich positiv auf die Lernmotivation der Schüler auswirkt. Insbesondere besteht ein signifikanter Unterschied zwischen alternativer Lehrmethode und Frontalunterricht in den Bereichen ‚Interesse', ‚Motivation' und ‚Schülerbeteiligung'. Die induktive Lehrmethode erzielt in allen drei Skalen bedeutend höhere Werte im Nachtest. Bei der deduktiven Lehrmethode hingegen kann in keiner Skala ein entschieden besseres Ergebnis, im Vergleich zum Vortest oder auch zum Gruppenunterricht, festgestellt werden. Gerade das Interesse am Unterricht ist ein enorm wichtiger Faktor der Lernmotivation. Interessierte Schüler entwickeln eine höhere intrinsische Motivation, die zu einem selbstbestimmteren und nachhaltigeren Lernen führt. Diese höhere Motivation lässt sich mit Hilfe der Motivations-Skala belegen. Das Interesse wiederum ist eng mit der Schülerbeteiligung gekoppelt. Nur wenn die Schüler in den Unterricht mit eingebunden werden, ergo wenn sie die Möglichkeit haben autonom zu lernen, kann auch ein Interesse, sich selbstständig mit dem Lerngegenstand auseinanderzusetzen, entwickelt werden. Diese Studie korreliert demnach mit der Selbstbestimmungstheorie von Deci & Ryan.

Die Lernqualität profitiert ebenfalls von dem autonomen Unterrichtskonzept. Der ‚t-Test' respektive die Effektstärke der ausgewerteten Daten zum Wissenstest suggeriert einen höheren Wissenszuwachs der alternativen Lerngruppe. Hierzu müsste allerdings eine größere Untersuchung durchgeführt werden, um das angedeutete Resultat zu untermauern. Die Analyse zeigt jedoch, dass ein durchschnittlich größerer Wissenszuwachs im Gruppenunterricht an Stationen im Vergleich zum Frontalunterricht nachweisbar ist. Die im Rahmen dieser Studie eruierten Ergebnisse bestätigen also die in der Theorie beschriebenen Vorteile des Gruppenunterrichts. Die Schüler arbeiten motivierter und erlangen dadurch einen größeren Wissenszuwachs.

Weiterhin kann man konstatieren, dass auch das kooperative Lernen in der Gruppenarbeit an Stationen gefördert wird. Bei den Skalen ‚Selbstkonzept', ‚Zufriedenheit Mitschüler' und ‚Mitbestimmung' kann ein signifikanter Unterschied zwischen den beiden Unterrichtskonzepten ermittelt werden. Auch hier schneidet der Gruppenunterricht stets besser ab als der Frontalunterricht. Verglichen mit dem ‚normalen' Unterricht ist in den Skalen ‚Zufriedenheit Mitschüler' und ‚Mitbestimmung' ein Anstieg in der offenen Unterrichtsform und ein Abfall in der geschlossenen Form zu beobachten. Die Selbstkonzept-Skala zeigt hingegen im lehrerzentrierten Unterricht keine Veränderung zum Vortest, steigt jedoch bei der alternativen Lehrmethode. Die Daten belegen, dass durch die Interaktionen in der Gruppenarbeit ein kooperativer Lernprozess stattfindet. Die Schüler bringen sich zumindest bei kleinen Gruppen in die Gruppendiskussion mit ein und gewinnen dadurch mehr Selbstvertrauen. Das Mitbestimmen an einem gemeinsamen Gruppenziel, wird, wie schon in der Theorie beschrieben, tatsächlich stark gefördert und praktiziert. So entsteht ein produktives Arbeitsverhältnis, in dem miteinander und nicht kontraproduktiv gearbeitet beziehungsweise gelernt wird.

Ausblick

Der Wandel von Frontalunterricht hin zur alternativen Lehrmethode zeigt sich als dynamischer Prozess. Die alternativen Lehrmethoden drängen, durch Theorien wie von Deci & Ryan, immer mehr in den Vordergrund. Der Frontalunterricht rückt dabei ins Abseits. Auch angehende Lehrer werden darauf vorbereitet einen offenen und schülerorientierten Unterricht zu halten. In meinen Praktika habe ich hingegen erfahren müssen, dass die Mehrheit aller Lehrer dennoch mit der deduktiven Lehrmethode unterrichtet. Diese ist zum einen einfacher in der Vorbereitung und zum anderen zeitsparender. Auf Grund des G8-Schulsystems ist der Lehrplan zu eng gestaffelt, sodass die Rahmenbedingungen für mehr Gruppenarbeiten nicht gegeben sind. Frontalunterricht wird daher wahrscheinlich auch in Zukunft nicht von der Bildfläche verschwinden.

Persönlich halte ich es für wichtig und auch durchführbar einen variantenreichen Unterricht anzubieten, der sowohl aus Frontalunterricht als auch aus diversen alternativen Lehrmethoden besteht. Nur so kann das Interesse der

Schüler für den Unterricht geweckt und erhalten bleiben. Diesen Ansatz vertritt auch der Pädagoge Günther Schorch. Er geht sogar noch einen Schritt weiter und fordert, dass „mit jedem Wechsel der didaktischen Absicht bzw. Stufe auch die Unterrichtsform angepasst wird, z. B.: Hörblock bei Darbietung des Lehrers, Sitzkreis bei Diskussionen"[64]. Allerdings stellt sich hier die Frage der Realisierbarkeit, da dieses Vorhaben entgegen der Möglichkeiten im Lehrplan viel Zeit in Anspruch nimmt.

Eine Möglichkeit zur besseren Umsetzung der alternativen Lehrmethoden, wäre die Einführung der viel diskutierten ‚Kernlehrpläne', wie sie zum Beispiel in Nordrhein Westfalen schon teilweise praktiziert werden. Hier wird dem Lehrer nur ein Bildungsstandard vorgegeben, der am Ende der jeweiligen Klassenstufe erreicht werden soll. Dies hat den Vorteil, dass der Lehrer freier in seiner Unterrichtsgestaltung und dem Zeitmanagement ist. Allerdings kann diese Einführung auch zu stark schwankenden Resultaten bezüglich der zu erreichenden Lernziele führen, da dieses Konzept überwiegend von den Lehrerkompetenzen und ihrem Engagement abhängig ist.

Es bleibt festzuhalten, dass die gezeigte Theorie kaum in der Praxis umgesetzt wird. Die meisten Lehrer verschließen sich vor den ‚neuen' Methoden, obwohl Studien deutlich belegen, dass alternativer Unterricht motivierender, nachhaltiger und effektiver ist. Um diese Einschätzung zu manifestieren, schließe ich im intendierten Sinne mit einem Zitat von Prof. Dr. Herbert Gudjons meine Studie ab:

> „Gruppenarbeit ist (…) ein Trojanisches Pferd. Es kann für den einzelnen Lehrer viel Sinnhaftigkeit und Erfüllung mit sich bringen, an diesem Unternehmen mitzuarbeiten, auch wenn die Aussichten nicht sehr groß sind, dass die Mauern der Schule in nächster Zeit niedergerissen werden, um das sperrige Geschenk offiziell einzulassen"[65].

---

[64] (Schorch, G.: Studienbuch Grundschulpädagogik. 2007. S. 247)
[65] (Gudjons, H.: Handbuch Gruppenunterricht. 2003. S. 60)

Literaturverzeichnis

- Bähr, Ingrid: *Kooperatives Lernen*. Frankfurt am Main 2005.
- Bortz, Jürgen; Döring, Nicola: *Forschungsmethoden und Evaluation für Sozialwissenschaftler*. 3. vollständig überarbeitete und aktualisierte Auflage. Berlin: Springer 2003.
- Deci, L. Eduard & Ryan, M. Richard (1993). *Die Selbstbestimmungstheorie der Motivation und ihre Bedeutung für die Pädagogik.* Zeitschrift für Pädagogik, 39. Nr. 2.
- Drumm, Julia [Hrsg.]: *Methodische Elemente des Unterrichts*. Sozialformen, Aktionsformen, Medien. Göttingen: Vandenhoeck & Ruprecht 2007.
- Fend, Helmut: *Qualität im Bildungswesen*. Schulforschung zu Systembedingungen, Schulprofilen und Lehrerleistung. Weinheim und München: Juventa 1998.
- Gudjons, Herbert: *Handbuch Gruppenunterricht*. 2. Auflage. Weinheim: Beltz 2003.
- Gudjons, Herbert: *Neue Unterrichtskultur - veränderte Lehrerrolle*. Bremen: Klinkhardt 2006.
- Gudjons, Herbert: *Frontalunterricht - neu entdeckt. Integration in offene Unterrichtsformen*. 2. Auflage. Bremen: Klinkhardt UTB 2007.
- Heckhausen, Jutta & Heinz: *Motivation und Handeln*. 3. Auflage. Heidelberg: Springer 2006.
- Janssen, Jügen; Laatz, Wilfried: *Statistische Datenanalyse mit SPSS für Windows*. 6., neu bearbeitete und erweiterete Auflage. Heidelberg: Springer 2007.
- Kessel, Katja; Reimann, Sandra: *Basiswissen Deutsche Gegenwartssprache*. Tübingen: A. Francke UTB 2005.
- Klafki, Wolfgang: *Schlüsselqualifikationen/Allgemeinbildung – Konsequenzen für Schulstrukturen*. In: Braun, Karl-Heinz & Heinz-Hermann Krüger u.a. [Hrsg]: *Schule mit Zukunft*. Opladen: Budrich 1998. S. 170-192
- Köller, Olaf: *Zielorientierungen und schulisches Lernen*. In: Rost, D. H. [Hrsg.]: *Pädagogische Psychologie und Entwicklungspsychologie*. Band 4. Münster: Waxmann 1998.
- Langfeldt, Hans-Peter: *Psychologie für die Schule*. Weinheim und Basel: Beltz 2006.
- Lienert, A. Gustav; Raatz, U.: *Testaufbau und Testanalyse*. 6. Auflage. Weinheim: Beltz Psychologie Verlags Union 1998.
-

- Meyer, Hilbert: *Unterrichtsmethoden II: Praxisband*. 2. Auflage. Frankfurt a. M.: Scriptor 1989.
- Payrhuber, Franz-Josef: *Schule als Thema der Kinder- und Jugendliteratur*. In: Lange, Günter: *Taschenbuch der Kinder- und Jugendliteratur*. Band. 2. Hohengehren: Schneider-Verlag 2005.
- Pepels: *Marketing*. 4. Auflage. München: Oldenbourg 2004.
- Rakoczy, Katrin: *Motivationsunterstützung im Mathematikunterricht*. In: Rost, D. H. [Hrsg.]: *Pädagogische Psychologie und Entwicklungspsychologie*. Band 65. Münster: Waxmann 2008.
- Rheinberg, Falko: *Motivation. Grundriss der Psychologie*. Band 6. 7., aktualisierte Auflage. Stuttgart: Kohlhammer 2008.
- Schaub, Horst, & Zenke, Karl G.: *Wörterbuch Pädagogik*. 4. Auflage. München: dtv 2000.
- Scholl, Armin: *Die Befragung*. 2. Auflage. Konstanz: UVK 2009.
- Schorch, Günther: *Studienbuch Grundschulpädagogik*. 3. Auflage. Regensburg: Klinkhardt 2007.
- Schräder-Naef, R.: *Lerntraining in der Schule. Voraussetzungen - Erfahrungen - Beispiele*. Mit Kopiervorlage. Weinheim und Basel: Beltz 2002.
- Seel, Norbert M.: *Psychologie des Lernens*. Lehrbuch für Pädagogen und Psychologen. München: Reinhardt 2003.
- Steindorf, Gerhard: *Grundbegriffe des Lehrens und Lernens*. 5. Auflage. Regensburg: Klinkhardt 2000.
- Wirtz, Markus; Nachtigall, Christof: *Deskriptive Statistik*. Statische Methoden für Psychologen. Teil 1. Weinheim und München: Juventa 1998.
- Woolfolk, Anita: *Pädagogische Psychologie*. 10. Auflage – bearbeitet und übersetzt von Prof. Dr. Ute Schönpflug. München: Pearson Studium 2008.

Internetquellen:
- Lehrplan Deutsch, Hessen
  (www.hessen.de/irj/HKM_Internet?cid=ac9f301df54d1fbfab83dd3a6449af60)
  Datum des Zugriffs: 20.05.2011

Anhang

I   Abkürzungsverzeichnis

II Tabellenverzeichnis

III Fragebogen

IV Wissenstest

V   Skalendokumentation

VI Deskriptive Statistiken

VII Tabellarische Unterrichtsverläufe

VIII Arbeitsblätter Frontalunterricht

IX Arbeitsblätter Gruppenunterricht an Stationen

I Abkürzungsverzeichnis

/d/	Effektstärke
Gruppe 1	Schüler des Frontalunterrichts
Gruppe 2	Schüler des Gruppenunterrichts an Stationen
LUdruck	Leistungs- und Unterrichtsdruck
N	Stichprobengröße
/s/	Standardabweichung
/sig./	Signifikanz
Tab.	Tabelle
vgl.	vergleiche
z. B.	Zum Beispiel

II Tabellenverzeichnis

Tab. 1 Reliabilitäten der Skalen: 31

Tab. 2 Lernmotivation 46

Tab. 3 Lernzuwachs 47

Tab. 4 Kooperatives Lernen 47

Tab. 5 Lernmotivation 48

Tab. 6 Lernzuwachs 48

Tab. 7 Kooperatives Lernen 49

III Fragebogen

Liebe Schülerinnen, lieber Schüler,
es ist ganz wichtig, dass du diese Fragen so ehrlich wie möglich beantwortest. Die Befragung ist vollkommen anonym, das heißt wir oder aber auch dein/e Lehrer/in werden nicht wissen, wer was geantwortet hat.

*C*odename: ☐☐ — ☐☐☐☐☐☐ — ☐☐

Die ersten beiden Buchstaben deines Vornamens — Dein Geburtsdatum (TT/MM/JJ) — Die ersten beiden Buchstaben des Vornamens deiner Mutter

A Persönliche Informationen

1. Alter: _____
2. Klassenstufe: _____
3. Geschlecht ☐ Junge ☐ Mädchen
4. Welche Sprache sprichst du zu Hause?
   ☐ deutsch ☐ andere _____
5. Ich lebe ☐ mit beiden Elternteilen ☐ bei meiner Mutter
   ☐ bei meinem Vater
6. Sind deine Eltern berufstätig?
   ☐ Keiner von beiden ☐ nur meine Mutter ☐ nur mein Vater
   ☐ beide
7. Welcher Elternteil ist zuhause, wenn du von der Schule zurück kommst?
   ☐ Keiner von beiden ☐ nur meine Mutter ☐ nur mein Vater
   ☐ beide
8. Wie viele Geschwister hast du, die auch mit dir daheim wohnen? _____

B Schulische Leistungen

1. Wie lang brauchst du normalerweise für deine täglichen Hausaufgaben? _____ Minuten
2. Wie viel Zeit davon unterstützen dich deine Eltern bei den Hausaufgaben? _____ Minuten
3. Welche Noten hattest du in deinem letzten Zeugnis in folgenden Fächern?
   Deutsch: _____   Englisch: _____   Spanisch: _____
   Mathematik: _____
4. Hast du schon einmal eine Klassenstufe wiederholt?

☐ Nein ☐ Ja

5. Nimmst du momentan Nachhilfeunterricht, um deine schulischen Leistungen zu verbessern?
☐ Nein ☐ Ja

<u>Falls Ja</u>: Wie viele Nachhilfestunden bekommst du pro Woche in den folgenden Fächern?

Deutsch: ____ Englisch: ____ Spanisch: ____
Mathematik: ____

Wie würdest du den Deutschunterricht in *dieser Woche* (also auf die Unterrichtseinheit „Einführung der <u>Pronomen</u>") beschreiben?

Bitte lies die folgenden Sätze durch und streiche die Antwort an, die auf dich am besten zutrifft. Es geht hier um keine richtigen und keine falschen Antworten. Deshalb ist es ganz egal, was andere ankreuzen. Nur deine Meinung zählt.

		stimme gar nicht zu				stimme voll zu
1	Wenn ein Mitschüler einen Fehler macht, freuen sich die anderen heimlich.	☐	☐	☐	☐	☐
2	Einige Schüler versuchen immer wieder gut dazustehen, indem sie die anderen schlecht machen.	☐	☐	☐	☐	☐
3	Wenn einem Schüler etwas gut gelungen ist, freuen sich die anderen mit ihm.	☐	☐	☐	☐	☐
4	Bei uns helfen die Schüler einander gerne.	☐	☐	☐	☐	☐
5	Ich lerne gerne während des Unterrichts.	☐	☐	☐	☐	☐
6	Es ist mir wichtig, gute Leistungen zu erbringen.	☐	☐	☐	☐	☐
7	Wenn man ein paar Tage krank war, muss man sehr viel nachlernen.	☐	☐	☐	☐	☐
8	Der oder die Lehrer/-in erklärt oft so schnell, dass man kaum mitkommt.	☐	☐	☐	☐	☐
9	Es wird so viel Stoff durchgenommen, dass kaum Zeit bleibt Unklarheiten zu besprechen.	☐	☐	☐	☐	☐
10	Unser Lehrer/-in erklärt alles so gut, dass wir auch schwierige Dinge verstehen können.	☐	☐	☐	☐	☐
11	Der Unterricht ist interessant und abwechslungsreich.	☐	☐	☐	☐	☐
12	Der Unterricht ist so gestaltet, dass die Schüler selbstständig denken und arbeiten können.	☐	☐	☐	☐	☐
13	Im Unterricht gibt es häufig Gruppenarbeit.	☐	☐	☐	☐	☐

		stimme gar nicht zu				stimme voll zu
14	Die Zusammenarbeit in der Klasse ist gut. Wenn ein Schüler nicht mehr weiter weiß, helfen ihm die anderen.	☐	☐	☐	☐	☐
15	Es kommt oft vor, dass sich Schüler aus unserer Klasse über einen Mitschüler lustig machen.	☐	☐	☐	☐	☐
16	Wenn ein Schüler etwas Dummes gesagt hat, dann lachen andere über ihn.	☐	☐	☐	☐	☐
17	Ich fühl mich in der Klasse wenig unterstützt und alleingelassen.	☐	☐	☐	☐	☐
18	In der Klasse arbeiten die Schüler gerne zusammen (Gruppenarbeit).	☐	☐	☐	☐	☐
19	Auf die Mitschüler kann man sich in dieser Klasse verlassen.	☐	☐	☐	☐	☐
20	Manche Schüler versuchen immer besser zu sein als die anderen.	☐	☐	☐	☐	☐
21	Nach dem Unterricht bin ich zufrieden mit dem, was gemacht worden ist.	☐	☐	☐	☐	☐
22	Ich bin sehr zufrieden damit, wie der Unterricht abläuft bzw. wie er durch den Lehrer gestaltet wird.	☐	☐	☐	☐	☐
23	Es fällt mir leicht im Deutschunterricht neuen Unterrichtsstoff zu verstehen	☐	☐	☐	☐	☐
24	Ich kann auch schwierige Aufgaben im Deutschunterricht lösen, wenn ich mich anstrenge.	☐	☐	☐	☐	☐
25	Ich freue mich auf den Deutschunterricht.	☐	☐	☐	☐	☐
26	Der Deutschunterricht macht mir Spaß.	☐	☐	☐	☐	☐
27	Im Vergleich zu den anderen in der Klasse, kann ich dem Deutschunterricht gut folgen.	☐	☐	☐	☐	☐
28	Ich bin ein guter Schüler in Deutsch.	☐	☐	☐	☐	☐
29	Im Deutschunterricht bin ich sehr motiviert.	☐	☐	☐	☐	☐
30	Ich arbeite im Deutschunterricht gut mit.	☐	☐	☐	☐	☐
31	Bei Diskussionen nehme ich auch Vorschläge von meinen Mitschülern an.	☐	☐	☐	☐	☐
32	Bei Gruppenarbeiten setze ich mich dafür ein, dass kein Schüler ausgeschlossen wird.	☐	☐	☐	☐	☐
33	Bei Gruppenarbeiten diskutiere ich gut mit.	☐	☐	☐	☐	☐
34	Bei Gruppenarbeiten bin ich oft derjenige, der den anderen sagt was sie zu tun haben.	☐	☐	☐	☐	☐
35	Ich versuche auch zu Mitschülern, die ich nicht so gerne mag, freundlich zu sein.	☐	☐	☐	☐	☐
36	Wenn andere einen Mitschüler ärgern, sage ich auch mal, dass sie damit aufhören sollen.	☐	☐	☐	☐	☐
37	In unserer Klasse streiten sich die Schüler oft darum, wer in der Schule besser ist.	☐	☐	☐	☐	☐
38	Wenn jemand etwas gegen unsere Klasse sagt, halten alle zusammen.	☐	☐	☐	☐	☐
39	Oft wird in den Pausen noch über Dinge geredet, die im Unterricht besprochen wurden.	☐	☐	☐	☐	☐

		stimme gar nicht zu				stimme voll zu
40	Unsere Lehrerin gibt uns häufig Ratschläge, wie man einen Stoff am besten lernen kann.	☐	☐	☐	☐	☐
41	Im Unterricht gibt es immer wieder Gelegenheiten, eigene Einfälle zu verwirklichen.	☐	☐	☐	☐	☐
42	Mit den Mitschülern in dieser Klasse kann man nicht zufrieden sein.	☐	☐	☐	☐	☐
43	Mir machen die im Unterricht besprochenen Themen Spaß.	☐	☐	☐	☐	☐
44	Ich finde die Unterrichtsgestaltung durch unseren Lehrer in Ordnung.	☐	☐	☐	☐	☐
45	Auch wenn meine Deutschlehrerin mit meinen Ergebnissen nicht ganz zufrieden ist, bin ich mir sicher, dass ich wieder gute Leistungen erzielen kann.	☐	☐	☐	☐	☐
46	An einer Deutschaufgabe zu knobeln, macht mir Spaß.	☐	☐	☐	☐	☐
47	Ich arbeite gerne für den Deutschunterricht.	☐	☐	☐	☐	☐
48	Ich fühle mich durch den Unterricht unterfordert, so dass es mir keinen Spaß mehr macht.	☐	☐	☐	☐	☐
49	Ich fühle mich durch den Unterricht überfordert, so dass es mir keinen Spaß mehr macht.	☐	☐	☐	☐	☐
50	Wenn ein Schüler immer wieder von anderen Mitschülern unterbrochen wird, versuche ich ihm zu helfen.	☐	☐	☐	☐	☐
51	Ich versuche andere Schüler dazu ermutigen auch ihre Meinung zu sagen.	☐	☐	☐	☐	☐
52	Ich bringe oft eigene Ideen in eine Gruppenarbeit mit ein.	☐	☐	☐	☐	☐

Vielen Dank für deine Unterstützung!!!

Codename:

IV Wissenstest

Codename: ☐☐ – ☐☐☐☐☐☐ – ☐☐

Die ersten beiden Buchstaben deines Vornamens

Dein Geburtsdatum (TT/MM/JJ)

Die ersten beiden Buchstaben des Vornamens deiner Mutter

Wissenstest

Setze das richtige Personalpronomen ein.

1. Kommst du morgen? Dann gebe ich _____ das Buch. _____ ist sehr interessant. Gib _____ _____ zurück, wenn du _____ gelesen hast. **(2,5 P)**

2. Besuchst _____ deinen Bruder? Gib _____ bitte dieses Geschenk. _____ ist von meiner Schwester. Ich glaube, sie mag _____. **(2 P)**

3. Du hast noch meine Schreibmaschine. Gib _____ _____ bitte zurück; ich brauche _____ dringend. **(1,5 P)**

Setze das Possessivpronomen mit den richtigen Endungen ein.

1. Der Minister ist zurückgetreten. Es war _____ Entscheidung. **(1 P)**

2. Wir sind in ein anderes Hotel gezogen. _____ altes Hotel war zu laut. **(1 P)**

3. Frau Kramm lässt dich grüßen. Sie hat sich über _____ Karte gefreut. **(1 P)**

4. Müllers ziehen aus. Nächste Woche ziehen wir in _____ Wohnung ein. **(1 P)**

5. Sie *(Herr oder Frau)* haben uns beim Umzug sehr geholfen. Wir sind Ihnen sehr dankbar für _____ Hilfe. **(1 P)**

Füge das korrekte Relativpronomen in die Lücken ein.

1. Alle Schüler, _____ Stuhl zu klein ist, bekommen einen größeren. **(1 P)**

2. Die Schüler, _____ nicht schnell genug waren, verpassten den Bus. **(1 P)**

3. Das Blatt, _____ als erstes abgegeben wurde, war unlesbar. **(1 P)**

4. Ein Schüler, _____ nicht lernt, schreibt keine guten Noten. **(1 P)**

5. Der Schüler, _____ Platz nicht sauber war, musste nachsitzen. **(1 P)**

Was passt nicht.

1. a) ich   b) du   2.   a) dieser   b) jener
   c) er   d) uns   c) euch   d) diese

3. a) derjenige   b) derselbe   4.   a) dessen   b) denen
   c) demjenigen   d) deiner   c) deines   d) deren

(6 P)

Bilde 5 Sätze mit einem Demonstrativpronomen   (7,5 P)

Übung: Bestimme im folgendem Text alle Pronomina! Unterstreiche die Personalpronomen rot, die Relativpronomen grün, die Possessivpronomen gelb, die Demonstrativpronomen blau.

Aesop - Zwei Freunde und ein Bär

Zwei Freunde gelobten sich gegenseitig, sich in allen Fällen treu beizustehen und Freud und Leid miteinander zu teilen. So traten sie ihre Wanderschaft an.

Unvermutet kam ihnen auf einem engen Waldwege ein Bär entgegen.
5 Vereint hätten sie ihn vielleicht bezwungen. Da aber dem einen sein Leben zu lieb war, verließ er, ebenso bald vergessend, was er kurz vorher versprochen hatte, seinen Freund und kletterte auf einen Baum. Als sich der andere nun verlassen sah, hatte er kaum noch Zeit, sich platt auf den Boden zu werfen und sich tot zu stellen, weil er gehört hatte, daß der Bär
10 keine Toten verzehre.

Der Bär kam nun herbei, beleckte dem Daliegenden die Ohren, warf ihn mit der Schnauze einige Male herum und trabte dann davon, weil er ihn für tot hielt.

Sobald die Gefahr vorüber war, stieg jener vom Baume herab und fragte
15 seinen Gefährten voll Neugierde, was ihm der Bär zugeflüstert habe?

„Eine vortreffliche Warnung", antwortete dieser, „nur schade, dass ich sie nicht früher gewusst habe."

(25 P)

Codename:

V Skalendokumentation

Skalendokumentation Theobald Kooperatives Lernen und Lernmotivation im Deutsch-Grammatikunterricht

Itemnr.	Item	Originalitem (Itemnr.)	Quelle	Itemabkürzung
1.	Wenn ein Mitschüler einen Fehler macht, freuen sich die anderen heimlich.	Wenn jemand einen Fehler macht, freuen sich die anderen heimlich. (19)	Linzer	Rivalität_1
2.	Einige Schüler versuchen immer wieder gut dazustehen, indem sie die anderen schlecht machen.	Einige Schüler versuchen immer wieder gut dazustehen, indem sie die anderen schlecht machen. (21)	Linzer	Rivalität_2
37.	In unserer Klasse streiten sich die Schüler oft darum, wer in der Schule besser ist.	Bei uns streiten die Schüler oft darum, wer in der Schule besser ist. (17)	Linzer	Rivalität_3
3.	Wenn einem Schüler etwas gut gelungen ist, freuen sich die anderen mit ihm.	Wenn einem Schüler etwas gut gelungen ist, freuen sich die anderen mit ihm. (16)	Linzer	Gemeinschaft_1
4.	Bei uns helfen die Schüler einander gerne.	Bei uns helfen die Schüler einander gerne. (18)	Linzer	Gemeinschaft_2
14.	Die Zusammenarbeit in der Klasse ist gut. Wenn ein Schüler nicht mehr weiter weiß, helfen ihm die anderen.	Die meisten Schüler in unserer Klasse helfen sich gegenseitig im Unterricht. (58)	LASSO	Gemeinschaft_3 (Hilfsbereitschaft)
38.	Wenn jemand etwas gegen unsere Klasse sagt, halten alle zusammen.	Wenn jemand etwas gegen unsere Klasse sagt, halten alle zusammen. (20)	Linzer	Gemeinschaft_4
5.	Ich lerne gerne während des Unterrichts.	Die meisten Schüler in dieser Klasse lernen gerne. (23)	Linzer	Lernbereitschaft_1
6.	Es ist mir wichtig, gute Leistungen zu erbringen.	In unserer Klasse ist es allen wichtig gute Leistungen zu bringen. (25)	Linzer	Lernbereitschaft_2
39.	Oft wird in den Pausen noch über Dinge geredet, die im Unterricht besprochen wurden.	Oft reden wir Schüler noch in den Pausen über Dinge, die im Unterricht besprochen wurden. (27)	Linzer	Lernbereitschaft_3

7.	Wenn man ein paar Tage krank war, muss man sehr viel nachlernen.	Wenn man ein paar Tage krank war, muss man sehr viel nachlernen. (32)	Linzer	L/U-Druck_1 (Leistung/Unterricht)
8.	Der oder die Lehrer/-in erklärt oft so schnell, dass man kaum mitkommt.	Die Lehrer erklären oft so schnell, daß man kaum mitkommt. (37)	Linzer	L/U-Druck_2
9.	Es wird so viel Stoff durchgenommen, dass kaum Zeit bleibt Unklarheiten zu besprechen.	Oft können Probleme gar nicht richtig besprochen werden, weil noch so viel Stoff durchgenommen werden muss. (39)	Linzer	L/U-Druck_3
10.	Unser Lehrer/-in erklärt alles so gut, dass wir auch schwierige Dinge verstehen können.	Unsere Lehrer erklären alles so gut, daß wir auch schwierige Dinge verstehen können. (33)	Linzer	Vermittlungsqualität_1
11.	Der Unterricht ist interessant und abwechslungsreich.	Die Lehrer gestalten den Unterricht interessant und abwechslungsreich. (36)	Linzer	Vermittlungsqualität_2
40.	Unsere Lehrerin gibt uns häufig Ratschläge, wie man einen Stoff am besten lernen kann.	Unsere Lehrer geben uns häufig Ratschläge, wie man einen Stoff am besten lernen kann. (30)	Linzer	Vermittlungsqualität_3
12.	Der Unterricht ist so gestaltet, dass die Schüler selbstständig denken und arbeiten können.	Unsere Lehrer gestalten den Unterricht so, daß die Schüler selbstständig denken und arbeiten können. (28)	Linzer	Schülerbeteiligung_1
13.	Im Unterricht gibt es häufig Gruppenarbeit.	Bei uns können Schüler häufig in Gruppen zusammenarbeiten. (31)	Linzer	Schülerbeteiligung_2
41.	Im Unterricht gibt es immer wieder Gelegenheiten, eigene Einfälle zu verwirklichen.	Im Unterricht gibt es immer wieder Gelegenheiten, eigene Einfälle zu verwirklichen. (34)	Linzer	Schülerbeteiligung_3

15.	Es kommt oft vor, dass sich Schüler aus unserer Klasse über einen Mitschüler lustig machen.	Es kommt oft vor, dass sich Schüler aus unserer Klasse über einen Mitschüler lustig machen. (71)	LASSO	Aggres./Disk._1 (Aggression/Diskriminierung)
16.	Wenn ein Schüler etwas Dummes gesagt hat, dann lachen andere über ihn.	Wenn ein Schüler etwas Dummes gesagt hat, dann lachen andere über ihn. (75)	LASSO	Aggres./Disk._2
17.	Ich fühl mich in der Klasse wenig unterstützt und alleingelassen.	In der Klasse fühlen sich manche Schüler oft alleingelassen. (73)	LASSO	Aggres./Disk._3
18.	In der Klasse arbeiten die Schüler gerne zusammen (Gruppenarbeit).	In dieser Klasse arbeiten die Schüler gerne zusammen. (80)	LASSO	Zufriedenheit-Mitschüler_1
19.	Auf die Mitschüler kann man sich in dieser Klasse verlassen.	Auf die Mitschüler kann man sich in dieser Klasse nicht verlassen. (79)	LASSO	Zufriedenheit-Mitschüler_2
42.	Mit den Mitschülern in dieser Klasse kann man nicht zufrieden sein.	Mit den Mitschülern in dieser Klasse kann man nicht zufrieden sein. (84)	LASSO	Zufriedenheit-Mitschüler_3
20.	Manche Schüler versuchen immer besser zu sein als die anderen.	Einige Klassenmitglieder versuchen immer besser zu sein als die anderen. (88)	LASSO	Konkurrenzverhalten_1
21.	Nach dem Unterricht bin ich zufrieden mit dem, was gemacht worden ist.	Nach dem Unterricht sind die Schüler zufrieden mit dem, was gemacht worden ist. (102)	LASSO	Zufriedenheit-Unterricht_1
22.	Ich bin sehr zufrieden damit, wie der Unterricht abläuft bzw. wie er durch den Lehrer gestaltet wird.	Die Schüler sind sehr zufrieden damit wie der Unterricht abläuft. (105)	LASSO	Zufriedenheit-Unterricht_2

43.	Mir machen die im Unterricht besprochenen Themen Spaß.	Den meisten Schülern machen die im Unterricht besprochenen Themen Spaß. (103)	LASSO	Zufriedenheit-Unterricht_3
44.	Ich finde die Unterrichtsgestaltung durch unseren Lehrer in Ordnung.	Fast alle Schüler finden die Unterrichtsgestaltung durch unseren Lehrer in Ordnung. (106)	LASSO	Zufriedenheit-Unterricht_4
23.	Es fällt mir leicht im Deutschunterricht neuen Unterrichtsstoff zu verstehen.	Es fällt mir leicht, im Mathematikunterricht neuen Unterrichtsstoff zu verstehen.	Vorlage In Anlehnung an Jerusalem und Satow (1999)	Selbstwirksamkeit_1
24.	Ich kann auch schwierige Aufgaben im Deutschunterricht lösen, wenn ich mich anstrenge.	Ich kann auch die schwierigen Aufgaben im Mathematikunterricht lösen, wenn ich mich anstrenge.	Vorlage In Anlehnung an Jerusalem und Satow (1999)	Selbstwirksamkeit_2
45.	Auch wenn meine Deutschlehrerin mit meinen Ergebnissen nicht ganz zufrieden ist, bin ich mir sicher, dass ich wieder gute Leistungen erzielen kann.	Auch wenn unsere Mathematiklehrerin mit meinen Ergebnissen nicht ganz zufrieden ist, bin ich mir sicher, dass ich wieder gute Leistungen erzielen kann.	Vorlage In Anlehnung an Jerusalem und Satow (1999)	Selbstwirksamkeit_3
25.	Ich freue mich auf den Deutschunterricht.	Ich freue mich sehr auf den Mathematikunterricht.	Vorlage In Anlehnung an Baumert, Gruehn, Heyn, Köller und Schnabel (1997)	Interesse_1
26.	Der Deutschunterricht macht mir Spaß.	Der Mathematikunterricht macht mir richtig Spaß.	Vorlage In Anlehnung an Baumert, Gruehn, Heyn, Köller und Schnabel (1997)	Interesse_2

46.	An einer Deutschaufgabe zu knobeln, macht mir Spaß.	An einem mathematischen Problem zu knobeln, macht mir einfach Spaß.	Vorlage In Anlehnung an Baumert, Gruehn, Heyn, Köller und Schnabel (1997)	Interesse_3
27.	Im Vergleich zu den anderen in der Klasse, kann ich dem Deutschunterricht gut folgen.	Verglichen mit den anderen in meiner Klasse kann ich die Mathematikaufgaben im Unterricht sehr gut lösen.	Vorlage Dalbert (2003)	Selbstkonzept_1
28.	Ich bin ein guter Schüler in Deutsch.	Ich bin ein guter Schüler / eine gute Schülerin in Mathematik.	Vorlage Dalbert (2003)	Selbstkonzept_2
47.	Ich arbeite gerne für den Deutschunterricht.	Ich arbeite gerne für den Mathematikunterricht.	Vorlage Dalbert (2003)	Selbstkonzept_3
29.	Im Deutschunterricht bin ich sehr motiviert.	identisch	Keine Quelle	Motivation_1
30.	Ich arbeite im Deutschunterricht gut mit.	identisch	Keine Quelle	Motivation_2
48.	Ich fühle mich durch den Unterricht unterfordert, so dass es mir keinen Spaß mehr macht.	identisch	Keine Quelle	Motivation_3
49.	Ich fühle mich durch den Unterricht überfordert, so dass es mir keinen Spaß mehr macht.	identisch	Keine Quelle	Motivation_4
31.	Bei Diskussionen nehme ich auch Vorschläge von meinen Mitschülern an.	Im Sportunterricht nehme ich auch Vorschläge anderer Kinder an.	Bähr/Krick (2009)	Selbstbestimmung_1

32.	Bei Gruppenarbeiten setze ich mich dafür ein, dass kein Schüler ausgeschlossen wird.	Ich setzte mich dafür ein, dass kein Kind beim Üben ausgeschlossen wird.	Bähr/Krick (2009)	Selbstbestimmung_2
50.	Wenn ein Schüler immer wieder von anderen Mitschülern unterbrochen wird, versuche ich ihm zu helfen.	identisch	Bähr/Krick (2009)	Solidarität_1
35.	Ich versuche auch zu Mitschülern, die ich nicht so gerne mag, freundlich zu sein.	identisch	Bähr/Krick (2009)	Solidarität_2
36.	Wenn andere einen Mitschüler ärgern, sage ich auch mal, dass sie damit aufhören sollen.	Wenn andere ein Kind ärgern, sage ich, dass sie damit aufhören sollen.	Bähr/Krick (2009)	Solidarität_3
33.	Bei Gruppenarbeiten diskutiere ich gut mit.	identisch	Bähr/Krick (2009)	Mitbestimmung_1 (Mitbestimmung/Selbstbestimmung)
34.	Bei Gruppenarbeiten bin ich oft derjenige, der den anderen sagt was sie zu tun haben.	identisch	Bähr/Krick (2009)	Mitbestimmung_2
51.	Ich versuche andere Schüler dazu ermutigen auch ihre Meinung zu sagen.	identisch	Bähr/Krick (2009)	Selbstbestimmung_3
52.	Ich bringe oft eigene Ideen in eine Gruppenarbeit mit ein.	Ich bringe meine Ideen in den Sportunterricht ein.	Bähr/Krick (2009)	Mitbestimmung_3

VI Deskriptive Statistiken

Deskriptive Statistik

	N	Minimum	Maximum	Mittelwert	Standard-abweichung
Alter	44	10,00	12,00	10,7955	,55320
Klassenstufe	44	5,00	5,00	5,0000	,00000
Anzahl der Geschwister	35	1,00	3,00	1,4286	,60807
Dauer von Hausaufgaben in Minuten	43	10,00	180,00	46,3953	29,26329
Noten im letzten Zeugnis in Deutsch	42	2,00	4,00	2,8571	,68330
Noten im letzten Zeugnis in Englisch	43	1,00	5,00	2,9070	,97135
Noten im letzten Zeugnis in Mathe	43	1,00	4,00	2,7442	,81920
Wie viele Nachhilfestunden in Deutsch	11	15,00	120,00	40,9091	30,15113
Wie viele Nachhilfestunden in Englisch	9	10,00	60,00	35,0000	20,91650
Wie viele Nachhilfestunden in Mathe	8	20,00	60,00	30,6250	15,68382
Gültige Werte (Listenweise)	6				

Klassenstufe

		Häufigkeit	Prozent	Gültige Prozente	Kumulierte Prozente
Gültig	5,00	44	100,0	100,0	100,0

Geschlecht

		Häufigkeit	Prozent	Gültige Prozente	Kumulierte Prozente
Gültig	Junge	26	59,1	59,1	59,1
	Mädchen	18	40,9	40,9	100,0
	Gesamt	44	100,0	100,0	

Sprache

		Häufigkeit	Prozent	Gültige Prozente	Kumulierte Prozente
Gültig	Deutsch	29	65,9	65,9	65,9
	Deutsch und andere	13	29,5	29,5	95,5
	andere	2	4,5	4,5	100,0
	Gesamt	44	100,0	100,0	

Wohnsituation

		Häufigkeit	Prozent	Gültige Prozente	Kumulierte Prozente
Gültig	mit beiden Elternteilen	32	72,7	72,7	72,7
	bei meiner Mutter	9	20,5	20,5	93,2
	bei meinem Vater	3	6,8	6,8	100,0
	Gesamt	44	100,0	100,0	

Berufstätigkeit der Eltern

		Häufigkeit	Prozent	Gültige Prozente	Kumulierte Prozente
Gültig	nur meine Mutter	2	4,5	4,5	4,5
	nur mein Vater	6	13,6	13,6	18,2
	beide	36	81,8	81,8	100,0
	Gesamt	44	100,0	100,0	

Eltern nachmittags zu Hause

		Häufigkeit	Prozent	Gültige Prozente	Kumulierte Prozente
Gültig	keiner von beiden	10	22,7	22,7	22,7
	nur meine Mutter	21	47,7	47,7	70,5
	nur mein Vater	3	6,8	6,8	77,3
	beide	10	22,7	22,7	100,0
	Gesamt	44	100,0	100,0	

Klassenstufenwiederholung

		Häufigkeit	Prozent	Gültige Prozente	Kumulierte Prozente
Gültig	Ja	7	15,9	15,9	15,9
	Nein	37	84,1	84,1	100,0
	Gesamt	44	100,0	100,0	

Nachhilfeunterricht zur Verbesserung von Leistungen

		Häufigkeit	Prozent	Gültige Prozente	Kumulierte Prozente
Gültig	Ja	13	29,5	29,5	29,5
	Nein	31	70,5	70,5	100,0
	Gesamt	44	100,0	100,0	

VII Tabellarische Unterrichtsverläufe

Tabellarischer Unterrichtsverlauf – Gruppenarbeit an Stationen

Zeit	Didaktische Absicht	Unterrichtsaktivitäten	Sozialform	Medien	Anmerkungen
1. Std. 15`	Einstieg (Anwesenheit, Begrüßung), Hinführung zum Thema.	Beliebiger Satz an der Tafel: Wortarten bestimmen → speziell: Pronomen.	Lehrerzentriert	Tafel, Merkheft	Die Zeitangaben können je nach Verlauf der Unterrichtsphase variieren.
10`	Erarbeitung	Aufgabenform wird beibehalten	Partnerarbeit	Arbeitsblatt	
20`	Hinführen zum Thema/Klassifikation	Ausgewählte Sätze, die die vier Pronomenklassen beinhalten	Lehrerzentriert	Tafel, Merkheft	Die Erarbeitungsphasen ist wie in der Arbeit erwähnt mit dem Thema: „der Kasus" verbunden
2-5 Std.	Autodidaktisches Erlernen der Pronomen (Zielsetzungen sind in den Lernzielen beschrieben.)	eigenständige Gruppenarbeit, Stationsarbeit	Schülerzentriert, Gruppenarbeiten	Alle Materialien für die Stationen, Expertenplakat, Merkheft, Lösungsheft.	Eine Ergebnispräsentation am Ende der Einheit sollte durchgeführt werden. Die Gewichtung liegt auf Personal- und Possessivpronomen
Ggf. 6. Std.	Reflexion und Ergebnispräsentation	Klärung von Fragen und Vorlesung verschiedener Geschichten mit Pronomen (Schildkröte)	Schülerorientiert	Ggf. Tafel	Zoozertifikate werden nach erfolgreicher Arbeit verteilt

Tabellarischer Unterrichtsverlauf – Frontalunterricht

Zeit	Didaktische Absicht	Unterrichts- aktivitäten	Sozial- form	Medien	Anmerkungen
1. Std. 15´	Einstieg (Anwesenheit, Begrüßung), Hinführung zum Thema.	Beliebiger Satz an der Tafel: Wortarten bestimmen → speziell: Pronomen.	Lehrer- zentriert	Tafel, Merkheft	Die Zeitangaben können je nach Verlauf der Unterrichtsphase variieren.
10´	Erarbeitung	Aufgabenform wird beibehalten	Partner- arbeit	Arbeits- blatt	
20´	Hinführen zum Thema/Klass- ifikation	Ausgewählte Sätze, die die vier Pronomen- klassen beihalten	Lehrer- zentriert	Tafel, Merkheft	Bei schneller Einführung kann auch das Personal- pronomen bereits gesondert behandelt werden.
2 Std.	Einführung des Personal- pronomen	Lückentexte, in die das passende Personal- pronomen eingesetzt werden muss	Lehrer- zentriert, deduktiv	Tafel, Overhead- projektor, Heft	Merksätze und ausgewählte Beispielsätze werden in das Schülerheft übertragen
3. Std.	Einführung des Possessiv- pronomen	Lückentexte, in die das passende Possessiv- pronomen eingesetzt werden muss	Lehrer- zentriert, deduktiv	Tafel, Overhead- projektor, Heft	Merksätze und ausgewählte Beispielsätze werden in das Schülerheft übertragen
4. Std.	Einführung des Relativ- u. Demonstrativ- pronomens	Genaue Erklärung an der Tafel + Lückentexte	Lehrer- zentriert, deduktiv	Tafel, Overhead- projektor, Heft	Die Einführung dieser 2 Pronomen ist nicht so stark gewichtet wie bei den Personal- und Possessivpronomen
5. Std.	Weiterführung der Relativ- u. Demonstrativ- pronomen + Reflexion	Aufarbeitung der UE im Klassen- plenum	Lehrer- zentriert, deduktiv	Tafel, Overhead- projektor, Heft	Ergebnisse werden im Merkheft fest- gehalten

VIII Arbeitsblätter – Frontalunterricht

Das Pronomen

Pronomen sind Wörter, die **anstelle eines Nomens** gesetzt werden können.
Pronomen heißen auch noch **Fürwörter**.

Das Personalpronomen (persönliches Fürwort)

Statt Nomen oder Person zu wiederholen, gebrauchen wir ein Personalpronomen.
Personalpronomen verändern Ihre Form, wenn man sie in einen anderen Fall (N, G, D, A) setzt; sie sind deklinierbar.

Nominativ	ich	du	er	sie	es	wir	ihr	sie
Genitiv	meiner	deiner	seiner	ihrer	seiner	unser	euer	ihrer
Dativ	mir	dir	ihm	ihr	ihm	uns	euch	ihnen
Akkusativ	mich	dich	ihn	sie	es	uns	euch	sie

Bsp.: **Der Hund** sieht **eine Wurst** auf dem Tisch.
Er will **sie** haben.

Mutter geht zu **dem Arzt**.
_____ erklärt _____, dass sie Schmerzen hat.
Die Schüler warten auf **den Lehrer**.
_____ wollen _____ etwas fragen.

Personalpronomen

Ersetze die *kursiv gedruckten Substantive* durch Pronomen!

Dem Bär wurde an einem wunderschönen Tag sein Honig gestohlen. *Der alte Bär* _____ suchte *den Honig* _____ in allen Wäldern und Feldern, aber *der alte Bär* _____ konnte *den Honig* _____ nirgendwo finden. Darum bat *der alte Bär* _____ alle Tiere des Waldes um Hilfe. Wer *dem alten Bär* _____ hilft, *den Honig* _____ zu finden, bekommt ein Festmahl zur Belohnung. Als *der Honig* _____ nach drei Tagen noch nicht aufgetaucht war, rief *der alte Bär* _____ wütend alle Tiere des Waldes zusammen. Aber die Tiere konnten *den alten Bären* _____ nicht beruhigen und konnten *dem alten Bären* _____ auch keine genaue Auskunft geben, weil niemand von *den Waldbewohnern* _____ *den Honig* _____ gefunden hatte. Dem Bären fiel plötzlich auf, dass alle Füchse fehlten. „Wo sind *die Füchse* _____ denn", schrie *der alte Bär* aufgeregt, „warum kann ich keinen von *den Füchsen* _____ sehen?" Die Eule schaute *den Bären* _____ ängstlich an und sagte: „*Die Füchse* _____ haben *den Honig* _____ gestohlen und sind an den See geflüchtet". „Na die können was erleben!", sagte *der Bär* _____ und rannte los.

Possessivpronomen

(besitzanzeigende Fürwörter)

	Personalpronomen	Possessivpronomen
Singular (Einzahl)	ich	mein
	du	dein
	er	sein
	sie	ihr
	es	sein
Plural (Mehrzahl)	wir	unser
	ihr	euer
	sie	ihr

Merke: Auch mit Possessivpronomen kann ich Wortwiederholungen vermeiden. Sie geben an, wem etwas gehört und begleiten meistens ein Nomen. Sie stehen dann im gleichen Fall, im gleichen Geschlecht und in der gleichen Zahl.

_____ Hund

_____ Hündin

Setze das <u>Possessivpronomen</u> mit den richtigen Endungen ein.

1. Der Tiger ist ausgebrochen. Es war _____ Entscheidung. Er ist in ein anderes Gehege geflohen. _____ altes war zu klein.

2. Die Wärter die _____ Käfig bewachen sollten, waren eingeschlafen.

3. „_____Tiger ist weg", schrie der Wärter. Es ist nur noch _____ Napf und _____ Spielmaus da.

4. Die Wärter liefen zum Zoodirektor und schrien: „Wir brauchen _____ Hilfe. _____ Zoobesucher sind in Gefahr.

5. Er antwortete: „_____ müsst den Tiger schnell finden, sonst bricht in _____ Zoo das Chaos aus. Durchsucht zuerst alle anderen Gehege, aber passt auf, auch _____ Leben ist in Gefahr."

6. Kurz danach sahen die Wärter alle Affen in _____ Gehege umher springen. Sie liefen schnell hin, fanden den Tiger und fingen ihn wieder ein.

7. Darauf hin brachten sie ihn in _____ altes Gehege zurück und die Zoobesucher konnten beruhigt _____ Besichtigung fortsetzen.

Unterstreiche alle <u>Personalpronomen rot</u> und alle <u>Possessivpronomen grün</u>.

„Hast du noch mein Buch?" „Ja! Ich gebe es dir morgen zurück."

„Beatrix, es ist mir eingefallen, dass ich dein Buch doch nicht habe."

„Hast du heute Zeit für mich? Ich muss mit dir reden."

„Ich habe meinen Stift verloren, kann ich mir deinen leihen?"

„John und ich sind gerade in unser Wohnzimmer gegangen. Wir haben es uns gemeinsam gekauft."

Relativpronomen

Setze das richtige Relativpronomen ein!

1. Alle Tiere, _____ Gehege zu klein ist, kommen in ein größeres.
   a) die   b) deren   c) das   d) dessen

2. Die Schlange fraß die Maus, _____ nicht schnell genug war.
   a) der   b) das   c) die   d) deren

3. Das Tier, _____ als erstes gefangen wurde, ist schon wieder weg.
   a) das   b) dessen   c) der   d) die

4. Ein Zoo, _____ keine Tiere mehr hat, ist kein echter Zoo mehr.
   a) das   b) deren   c) die   d) der

5. Der Löwe, _____ Gehege nicht sauber war, ist geflohen.
   a) dessen   b) wessen   c) das   d) dem

6. Die Schlange, _____ sich versteckt hatte, ist wieder eingefangen.
   a) die   b) deren   c) der   d) welcher

Demonstrativpronomen

Demonstrativpronomen, auch **hinweisende Fürwörter** genannt, ordnen einer Person oder einer Sache im Kontext eine stärkere Betonung zu und heben eine gewisse Wichtigkeit der Person oder der Sache hervor.

→ der/die/das
→ dieser/diese/dieses oder jener/jene/jenes

Übung:

- Kennst du den Mann dort? Den habe ich noch nie gesehen.

- Hast du das Buch gelesen? Nein, dieses noch nicht, aber jenes.

- Gefällt dir meine Jacke? Ja, genau die will ich mir auch kaufen.

- Dieser Mann dort hat meine Tasche gestohlen.

- Die Maus hat meinen Käse gegessen. Den wollte ich essen.

- Kennst du das Spiel? Nein, das kenne ich nicht, aber jenes.

IX Arbeitsblätter - Gruppenunterricht an Stationen

Anmerkung:. Die einzelnen Stationen sind deutlich gekennzeichnet. Abbildungen, wie zum Beispiel das Löwentwister oder Spielkarten, befinden sich immer hinter der jeweiligen Station (siehe Löwenstation, Spinnenstation und Affenstation). Das Zoozertifikat und der Zooplan finden sich am Ende des Konzepts.

SCHLANGEN-STATION

Die listige Schlange hat sich unter den fehlenden Relativpronomen versteckt. Setze sie wieder ein, um die Schlange zu finden. Schreibe die Antworten auf einen extra Zettel!

Alle Tiere, _____ Gehege zu klein ist, kommen in ein größeres.

    a) die   b) deren   c) das   d) dessen

Die Schlange fraß die Maus, _____ nicht schnell genug war.

    a) der   b) das   c) die   d) deren

Das Tier, _____ als erstes gefangen wurde, ist schon wieder weg.

    a) welches   b) dessen   c) der   d) die

Ein Zoo, _____ keine Tiere mehr hat, ist kein echter Zoo mehr.

    a) das   b) deren   c) die   d) der

Der Löwe, _____ Gehege nicht sauber war, ist geflohen.

    a) dessen   b) wessen   c) das   d) dem

Die Schlange, _____ sich versteckt hatte, ist wieder eingefangen.

    a) welche   b) deren   c) der   d) welcher

Lösungen Schlangen-Station:

1. deren
2. die
3. welches
4. der
5. dessen
6. welche

DELPHIN-STATION

„Was passt?" und „Was passt nicht?"

Achte darauf: Auch der Kasus bzw. Singular/Plural können entscheidend sein. Wenn du nicht mehr weiter weißt, kann dir dein Merkheft helfen.
Schreibe die Lösungen auf einen extra Zettel!

A Was passt?

1. a) dieser/welcher   b) jener/er   2. a) mein/mich   b) jener/sie
   c) ihr/dieses   d) mein/ihm   c) meine/deine   c) dieser/ihnen

3. a) ich/er   b) ihrer/ uns   4. a) ihrer/   b) meiner/ich
   c) du/dein   d) er/ sein   c) unser/uns   d) ich/du

5. a) wir/ihrer   b) uns/euch   6. a) ihr/ihrem   b) mein/dein
   b) seiner/ihm   d) sie/ ihrer   c) ihr/ seinen   d) dein/deinem

B Was passt nicht?

1. a) ich   b) du   2. a) dieser   b) jener
   c) er   d) uns   c) euch   d) diese

3. a) dessen   b) mein   4. a) meine   b) mich
   b) dein   d) unser   c) unseren   d) ihren

5. a) welcher   b) deren   6. a) meinem   b) deinem
   c) dessen   d) dieser   c) seinem   d) unseren

Lösungen Delphin-Station:

A Was passt?

1.a   2.c   3.a   4.d   5.b   6.b

B Was passt nicht?

1.d   2.c   3.a   4.b   5.d   6.d

SCHILDKRÖTEN-STATION

ZOOBESUCH

Sicher warst du schon einmal in einem Zoo, wenn nicht, kannst du dir bestimmt vorstellen, was dich da erwarten könnte. Schreibe eine kleine Geschichte oder einen Dialog über dieses Ereignis. Achte darauf, dass jede Pronomenklasse auftaucht. Anschließend markierst du alle Pronomen in deiner Geschichte und liest sie deiner Gruppe vor.

GIRAFFEN-STATION

Ergänze die Lücken:

Diese- :

Kasus	Maskulinum	Femininum	Neutrum	Plural
		diese	dies (es)	
Akkusativ	diesen			diese
Dativ	diesem	dieser		diesen
Genetiv	dieses	dieser		dieser

Ebenso: Jene_

Kasus	Maskulinum		Neutrum	
	Derselbe	Dieselbe	Dasselbe	dieselben
Akkusativ	denselben		dasselbe	
Dativ	demselben	derselben		denselben
Genetiv		derselben	desselben	derselben

	Maskulinum	Femininum		Plural
		diejenige	dasjenige	
	denjenigen		dasjenige	diejenigen
Dativ	demjenigen	derjenigen	demjenigen	
Genetiv		derjenigen	desjenigen	derjenigen

Kasus		Femininum	Neutrum	Plural
Nominativ	Der			die
Akkusativ	Den	Die	Das	Die
		Der	Dem	denen
	Dessen	deren		deren/derer

2. Wähle nun 5 verschiedene Demonstrativpronomen und bilde jeweils eine Frage und eine Antwort.

(z.B. Kennst du diesen Mann dort? <u>Den</u> habe ich noch nie gesehen.)

Lösungen Giraffen-Station:

Diese- :

Kasus	Maskulinum	Femininum	Neutrum	Plural
Nominativ	dieser	diese	dies (es)	diese
Akkusativ	diesen	diese	dies (es)	diese
Dativ	diesem	dieser	diesem	diesen
Genetiv	dieses	dieser	dieses	dieser

Ebenso: jene-

Kasus	Maskulinum	Femininum	Neutrum	Plural
Nominativ	derselbe	dieselbe	dasselbe	dieselben
Akkusativ	denselben	dieselbe	dasselbe	dieselben
Dativ	demselben	derselben	demselben	denselben
Genetiv	desselben	derselben	desselben	derselben

Kasus	Maskulinum	Femininum	Neutrum	Plural
Nominativ	derjenige	diejenige	dasjenige	diejenigen
Akkusativ	denjenigen	diejenigen	dasjenige	diejenigen
Dativ	demjenigen	derjenigen	demjenigen	denjenigen
Genetiv	desjenigen	derjenigen	desjenigen	derjenigen

Kasus	Maskulinum	Femininum	Neutrum	Plural
Nominativ	der	die	das	die
Akkusativ	den	die	das	die
Dativ	dem	der	dem	denen
Genetiv	dessen	deren	dessen	deren/derer

BÄREN-STATION

PERSONALPRONOMEN:

Ersetze die *kursiv gedruckten Substantive* durch Pronomen!

Dem Bär wurde an einem wunderschönen Tag sein Honig gestohlen.
Der alte Bär _____ suchte *den Honig* _____ in allen Wäldern und Feldern, aber *der alte Bär* _____ konnte *den Honig* _____ nirgendwo finden. Darum bat *der alte Bär* _____ alle Tiere des Waldes um Hilfe. Wer *dem alten Bär* _____ hilft, *den Honig* _____ zu finden, bekommt ein Festmahl zur Belohnung.
Als *der Honig* _____ nach drei Tagen noch nicht aufgetaucht war, rief *der alte Bär* _____ wütend alle Tiere des Waldes zusammen. Aber die Tiere konnten *den alten Bären* _____ nicht beruhigen und konnten *dem alten Bären* _____ auch keine genaue Auskunft geben, weil niemand von *den Waldbewohnern* _____ *den Honig* _____ gefunden hatte. Dem Bären fiel plötzlich auf, dass alle Füchse fehlten. „Wo sind *die Füchse* _____ denn", schrie *der alte Bär* _____ aufgeregt, „warum kann ich keinen von *den Füchsen* _____ sehen?" Die Eule schaute *den Bären* _____ ängstlich an und sagte: „*Die Füchse* _____ haben *den Honig* _____ gestohlen und sind an den See geflüchtet". „Na die können was erleben!", sagte *der Bär* _____ und rannte los.

Lösungen Bären-Station:

7. er
8. ihn
9. er
10. ihn
11. er
12. ihm
13. ihn
14. er
15. er
16. ihn
17. ihm
18. ihnen
19. ihn
20. sie
21. er
22. ihnen
23. ihn
24. sie
25. ihn
26. er

TIGER-STATION

Setze das Possessivpronomen mit den richtigen Endungen ein.

1. Der Tiger ist ausgebrochen. Es war _____ Entscheidung. Er ist in ein anderes Gehege geflohen. _____ altes war zu klein.

2. Die Wärter, die _____ Käfig bewachen sollten, waren eingeschlafen.

3. „_____Tiger ist weg", schrie der Wärter. Es ist nur noch _____ Napf und _____ Spielmaus da.

4. Die Wärter liefen zum Zoodirektor und schrien: „Wir brauchen _____ Hilfe. _____ Zoobesucher sind in Gefahr.

5. Er antwortete: „_____ müsst den Tiger schnell finden, sonst bricht in _____ Zoo das Chaos aus. Durchsucht zuerst alle anderen Gehege, aber passt auf, auch _____ Leben ist in Gefahr."

6. Kurz danach sahen die Wärter alle Affen in _____ Gehege umher springen. Sie liefen schnell hin, fanden den Tiger und fingen ihn wieder ein.

7. Darauf hin brachten sie ihn in _____ altes Gehege zurück und die Zoobesucher konnten beruhigt _____ Besichtigung fortsetzen.

Lösungen Tiger-Station:

1. seine   Sein

2. seinen

3. Unser   sein   seine

4. Ihre   unsere

5. Ihr   meinem/unserem   euer

6. ihrem

7. sein   ihre

ZEBRA-STATION

Arbeitsauftrag:

Um das entlaufene Zebra wieder einzufangen, musst du alle fehlenden **Personalpronomen** mit **grünem** Stift und alle fehlenden **Possesivpronomen** mit **rotem** Stift ergänzen.

1. „Hast du noch mein Buch?" „Ja! Ich gebe ____ ____ morgen zurück."

2. „Beatrix, es ist ___ eingefallen, dass ich ____ Buch doch nicht habe."

3. „Hast ____ heute Zeit für mich? Ich muss mit ____ reden."

4. „Ich habe ____ Stift verloren, kann ich mir ____ leihen?"

5. „John und ich sind gerade in ____ Wohnzimmer. ___ haben es uns gemeinsam gekauft."

6. „Fritz hatte heute viel Pech. Er hat ____ ganzes Geld verloren."

7. „Jenny hat Paula geholfen ___ Katze zu finden. ___ war auf dem Baum."

8. „Heute ist ___ schöner Tag. Lasst ___ alle an den See gehen."

9. „Wessen Halsband ist das? ___ ist das Halsband ____ Hundes"

10. „Jenny, hast du ___ Bruder bei ___ Hausaufgaben geholfen?"

Lösungen Zebra-Station:

es dir

mir dein

du dir

meinen deinen

unserem wir

sein

ihre sie

ein uns

es meines

deinem/meinem seinem

AFFEN-STATION

MEMORYSPIEL

Die Affen sind entlaufen und haben alle Pronomen durcheinander gebracht. Euer Auftrag ist es, die Pronomen zu finden und sie ihren Oberklassen (Personal-, Demonstrativ-, Possessiv- und Relativpronomen) zuzuordnen. Wenn du zwei Pronomen aus einer Klasse findest, darfst du sie behalten, wenn nicht, musst du sie wieder umdrehen. Auf geht´s!!!!! Fang sie ein!!!!!

<u>Euer</u> Hund   <u>Meine</u> Katze   <u>Unsere</u> Bücher

<u>Sein</u> Vater   <u>Ihre</u> Haare   <u>Unser</u> Freund

<u>Diese</u> Klasse   <u>Dieser</u> Mann   <u>Dieses</u> Auto

<u>Jenes</u> Kind   <u>Ich</u> gehe   <u>Ihm</u> sagen

<u>Uns</u> fragen   <u>Ihnen</u> schreiben   <u>Sie</u> flüstern

<u>Wir</u> springen

Der Mann,   Das Kind,
<u>welcher</u> sagte…   <u>dessen</u> Rad…

Der Hund   Die Frau,
<u>dem</u>…   <u>deren</u>…

Lösungen Affen-Station:

Personalpronomen: ich gehe, ihm sagen, uns fragen, ihnen schreiben, sie flüstern, wir springen

Demonstrativpronomen: diese Klasse, dieser Mann, dieses Auto, jenes Kind

Possessivpronomen: euer Hund, meine Katze, unsere Bücher, sein Vater, ihre Haare, unser Freund

Relativpronomen: Der Mann, welcher sagte…, Das Kind, dessen Rad…, Der Hund, dem…, Die Frau, deren…

SPINNEN-STATION

Spinnennetz

Die Spinne hat dich in ihrem Netz gefangen. Versuche, dich durch die Fragen ans Ziel zu würfeln. Wer als erster ankommt, hat gewonnen.

Regeln

Gelangst du auf ein rotes Feld, musst du eine Frage beantworten. Wenn du sie richtig beantwortest, darfst du stehenbleiben, wenn nicht, musst du 5 Felder zurück.

Gelangst du auf ein grünes Feld, kannst du durch eine richtige Antwort 3 Felder vorrücken. Wenn du sie falsch beantwortest, bleibst du stehen.

Bei allen anderen Feldern darfst du durch das richtige Beantworten einer Frage nochmals würfeln.

Nenne das Personalpronomen: 1. euch 2. euer 3. dessen 4. dieser	Die Frau, deren Hund weg ist. Um welches Pronomen handelt es sich? Relativpronomen	Formuliere einen Satz mit einem Demonstrativpronomen: (z.B. dieser, jener…)
Nenne das Demonstrativpronomen: 1.mich 2.welcher 3.jener 4.er	Nenne das Relativpronomen: 1. mir 2.meine 3. ihre 4.welcher	Nenne das Possesivpronomen: 1. diese 2.euer 3. ihm 4. mich
Welches passt nicht? 1. mich 2. euch 3. mir 4.mein	Welches passt? 1.dieser/jenes 2.dessen/seine 3. ihr/diese 4. mich/welcher	Welches passt nicht? 1. diese 2. jener 3. jenes 4. welches
Welches passt? 1. dieser/mir 2. uns/jener 3. dessen/deren 4. ich/ dem	Nenne die Possesivpronome „Mein Hund hat eure Katze verjagt und seinen Knochen gefressen."	Diese Fußballmannschaft spielt heute sehr gut. Um welches Pronomen handelt es sich? Demonstrativpronomen
Meine Freundin war beim Friseur. Um welches Pronomen handelt sich? Possessivpronomen	Formuliere einen Satz mit einem Relativpronomen: (z.B. Das Kind, dessen…, der Hund, dem…)	Ich gehe heute Abend mit meinen Freunden ins Kino. Um welche Pronomen handelt es sich? Personal- u. Possessivp.
Was passt nicht? 1. meiner 2.seiner 3.deine 4. unserer	Welches passt? 1.diese/mich 2. dessen/euer 3.mich/euch 4. dieser/ihnen	Nenne vier Pronomenklassen! Demonstrativ-, Possessiv-, Personal- und Relativpronomen
Was passt nicht? 1.ich 2.du 3. er 4.wir	Formuliere einen Satz mit 3 Personalpronomen. Ich komme zu dir, um mir eine CD auszuleihen.	Was passt nicht? 1. sein 2.mein 3. mir 4. unser

Spielbrett-Spinnenspiel

LÖWEN-STATION

LÖWEN-TWISTER

Der Löwe ist durchgedreht und hat seinen Käfig verlassen. Er dreht sich im Kreis und wirft alle Kasus durcheinander. Jeder von euch muss mindestens 10 Pronomen im Twister bilden, erst dann habt ihr den Löwen gezähmt.

Regeln

Jeder Spieler dreht abwechselnd am Rad. Der jüngste Spieler beginnt.

Jede Farbe beschreibt einen Kasus und du musst das richtige Pronomen finden. Schreibe alle Pronomen (+Kasus) auf einen Zettel.

ROT = NOMINATIV
GRÜN = AKKUSATIV
GELB = DATIV
BLAU = GENETIV

Löwentwister-Spielbrett

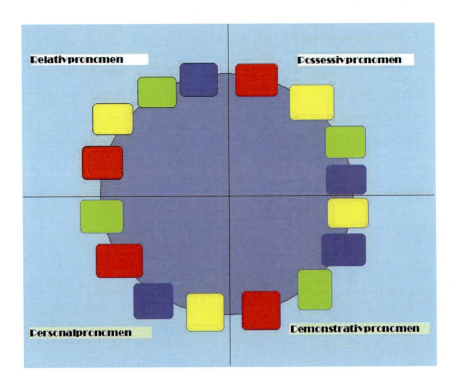

Zooplan

Zooname:

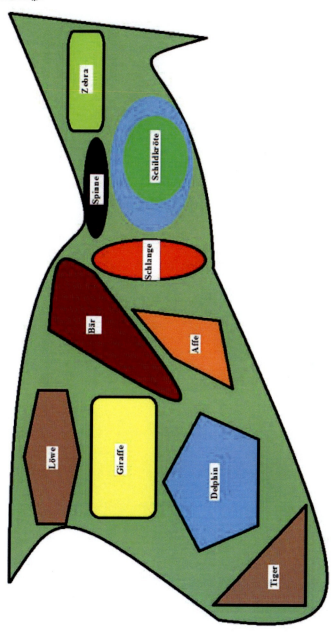